La Fondation de Rome

L'Antiquité
dans la même collection

Apulée, *Amour et Psyché*

Histoire de Moïse, Extraits de la Bible

Homère, *L'Odyssée :*

Ulysse reviendra-t-il à Ithaque ? (chants I à VII)

Les Aventures extraordinaires d'Ulysse (chants VIII à XII)

La Vengeance d'Ulysse (chants XIII à XXIV)

ISBN : 2-08-072093-7
ISSN : 1269-8822

TITE-LIVE

La Fondation de Rome

Traduction d'Annette Flobert

Présentation, notes,
chronologie, dossier-jeu
et dossier-latin
par Christine Garcia

ÉTONNANTS CLASSIQUES

GF Flammarion

Sommaire

9 **PRÉSENTATION**

9 La fondation de Rome : du mythe à la vérité historique
11 Tite-Live, un homme de lettres, ami d'Auguste
13 Une enquête sur les causes de la grandeur de Rome

17 **CHRONOLOGIE**

La Fondation de Rome

I. Énée en Italie 25
II. La guerre contre les Étrusques 27
III. Fondation d'Albe-la-Longue 28
IV. Naissance et exposition de Romulus et Rémus, fils de Rhéa Silvia 31
V. Reconnaissance des jumeaux 33
VI. Numitor rentre en possession du pouvoir royal 35
VII. La fondation de Rome 37
VIII. Le peuplement de Rome 40
IX. L'enlèvement des Sabines 42
X. Victoire de Romulus sur les habitants de Caenina 45
XI. La trahison de Tarpéia 47
XII. Victoire des Romains 49
XIII. La paix est conclue avec les Sabins 51
XIV. Guerre contre Fidènes 53
XV. Guerre contre Véies 54
XVI. Mort de Romulus 56

59 **HISTOIRE PARALLÈLE :** Plutarque

95 **DOSSIER-JEU**

109 **DOSSIER-LATIN**

LA FONDATION DE ROME : DU MYTHE À LA VÉRITÉ HISTORIQUE

La légende

Une tradition romaine très ancienne rapporte le récit de la fondation de Rome et établit un lien entre l'Italie et le monde égéen : prince troyen, Énée, après la chute de Troie, débarque au Latium et fonde Lavinium. Trente ans plus tard, c'est au tour des Laurentes de Lavinium de construire Albe. Au VIIIe siècle avant Jésus-Christ, les Albains fondent Rome.

L'histoire

Dès le VIIIe siècle avant Jésus-Christ, des villages de pasteurs étaient établis sur des collines près du Tibre. Les fouilles archéologiques ont révélé qu'à cette époque des cabanes de bergers étaient installées sur le Palatin, colline située sur le site de la future Rome. Cependant ces traces de peuplement ne prouvent pas qu'une ville existait déjà, car le peuplement d'un lieu ne signifiait pas forcément qu'on y construise une ville. En effet, fonder une cité est avant tout un acte d'organisation, qui consiste à donner des institutions politiques, sociales et religieuses à un groupe d'hommes.

Ainsi, la véritable naissance de la ville de Rome, postérieure au peuplement de son site, serait fixée par l'archéologie aux alentours de 575 avant Jésus-Christ.

Ce sont les Étrusques, venus d'Asie Mineure et installés en Étrurie dès le VIIe siècle, qui auraient fait de Rome une vraie cité, dotée d'une enceinte sacrée, d'une muraille, d'un *forum* (en latin : «place publique») dallé, de bâtiments publics.

Cependant la découverte récente, sur le mont Palatin, des traces d'une palissade datant du VIIIe siècle avant Jésus-Christ relance la question des origines de Rome. Le sillon sur lequel s'élevait ce rempart primitif aurait-il été creusé par Romulus? Historiens et archéologues poursuivent leurs recherches…

Un mythe historicisé

Concernant l'épisode de la fondation de Rome, les Romains ont incorporé à leur histoire nationale des légendes qui, élaborées à partir d'un substrat historique, reprennent de grands thèmes mythiques indo-européens.

Un savant contemporain, Georges Dumézil, a établi des parallèles entre les mythes de l'épopée nationale romaine et les légendes des mondes indien, celte et germanique : les Romains ont transposé dans le domaine historique des actions qui étaient prêtées aux dieux dans les légendes d'autres peuples indo-européens.

C'est ainsi que la fable de Romulus attribue aux ancêtres des Romains la création d'une cité qui, placée sous la protection des dieux, était promise à un destin héroïque.

TITE-LIVE, UN HOMME DE LETTRES, AMI D'AUGUSTE

Une vie mal connue

On connaît assez peu la vie de Tite-Live.

Né en 59 avant Jésus-Christ dans une famille aisée, Tite-Live était très attaché à sa ville natale, Padoue, cité de Vénétie, réputée dans l'Antiquité pour son patriotisme et l'austérité de ses mœurs. Tite-Live quittait Padoue pour de fréquents voyages à Rome, où il avait été étudiant.

C'est à Padoue qu'il mourut en 17 après Jésus-Christ.

Tite-Live vécut les derniers moments de la République romaine. Il était âgé d'une quinzaine d'années lorsque Jules César fut assassiné, et il fut témoin de la terrible guerre civile qui opposa, pour la prise du pouvoir, Antoine, lieutenant de César, à Octave, fils adoptif du dictateur. La bataille d'Actium en 31 avant Jésus-Christ scella la défaite d'Antoine.

Octave, qui prendra plus tard le nom d'Auguste, se présenta alors comme le sauveur de la paix et des valeurs républicaines. En réalité, il mit en place un régime militaire et tyrannique : le Principat.

Tite-Live ne s'engagea pas dans la vie publique. Il se consacra pleinement à la rhétorique, à la philosophie et à l'histoire.

Avec Virgile, Horace, Tibulle, Properce et Ovide, il fit partie des écrivains les plus fameux de son époque.

De son vivant, son œuvre lui apporta la renommée. Il fut reçu parmi les intimes d'Auguste, sans pour autant adhérer aux idéologies du nouveau régime et tout en conservant ses convictions républicaines.

L'œuvre d'une vie :
*l'*Histoire romaine

Dès 27 avant Jésus-Christ, Tite-Live commença la rédaction de l'*Histoire romaine*. Il poursuivit sa tâche jusqu'à la fin de sa vie, et composa 142 livres allant de l'origine de Rome jusqu'à l'an 9 avant Jésus-Christ. De cette somme, il ne nous est parvenu qu'une petite partie.

L'œuvre entreprise était extrêmement difficile, car les archives relatives aux origines de Rome jusqu'à l'instauration de la République étaient inexistantes. Tite-Live se référa à la tradition et consulta, interpréta, résuma de nombreux ouvrages d'historiens. Il fit preuve d'une totale honnêteté dans son travail. À l'égard des récits rapportant les événements les plus anciens, il n'hésita pas à montrer son scepticisme. Ainsi, au début de l'*Histoire romaine*, écrit-il, parlant des récits des origines : « Leur agrément doit plus à l'imagination des poètes qu'au sérieux de l'information ».

C'est par souci d'honnêteté intellectuelle qu'il nota scrupuleusement, quand ses sources présentaient des divergences, les versions différentes qui existaient.

Historien loyal, Tite-Live voulut enfin faire œuvre d'homme de lettres; il assigna à ses récits composés de manière rigoureuse, les objectifs de l'art oratoire : informer, plaire, émouvoir, prouver.

UNE ENQUÊTE SUR LES CAUSES DE LA GRANDEUR DE ROME

À l'heure où Tite-Live entreprenait l'*Histoire romaine*, Octave instaurait le Principat. Ce dernier, puisqu'il donnait à Rome une nouvelle fondation, avait pensé à s'attribuer le nom de Romulus avant d'adopter le titre d'« Augustus ».

Après des années de troubles et de querelles intestines, les Romains, épris de paix et d'ordre, cherchaient à retrouver les valeurs qui leur manquaient.

Alors que Rome paraissait sur la voie de l'affaiblissement par la décadence des mœurs, et qu'un nouveau régime se mettait en place, le temps semblait venu de se retourner vers le passé pour en méditer les leçons. Quelles furent les causes de la grandeur de Rome ? – Telle est la question posée au début de l'*Histoire romaine*.

Tite-Live dont l'œuvre témoigne d'un profond nationalisme, célèbre et donne à admirer les vertus et les valeurs passées qui ont fait de Rome une grande puissance : par leur courage, leur ténacité, leur moralité, leur piété, les Romains ont permis l'ascension de leur état et ont imposé leur suprématie au monde. Ces vertus de l'ancienne Rome sont celles qu'Auguste veut rétablir, afin de restaurer, autour de valeurs communes, la concorde entre les citoyens.

L'histoire, selon Tite-Live, est à la fois matière à réflexions morales et à exaltation patriotique, source d'exemples à suivre ou à éviter dans la conduite des affaires publiques.

AXES DE LECTURE

La lecture des extraits de Tite-Live proposés dans les pages suivantes invite les élèves de collège à de multiples activités et à de nombreux apprentissages articulés autour de trois axes.

• L'acquisition de références culturelles fondatrices, dans la découverte d'un mythe capital de la civilisation romaine.

• L'étude du récit, dans le repérage de la situation de communication, des différentes formes de discours, de la structure narrative.

• L'enrichissement du vocabulaire et l'identification dans le lexique français d'un certain nombre de racines, préfixes et suffixes latins.

La variation des approches du texte de Tite-Live a pour double objectif d'amener les élèves au plaisir de lire et d'éveiller leur curiosité pour la culture antique.

En regard du texte de Tite-Live, sont proposés des extraits du récit de Plutarque consacré à la « Vie de Romulus » dans *Vies parallèles*. La comparaison entre l'auteur latin et l'auteur grec permettra de repérer leurs points communs et leurs dissemblances et de définir la manière dont les deux textes sont complémentaires.

CHRONOLOGIE

REPÈRES HISTORIQUES

REPÈRES CULTURELS – VIE ET ŒUVRE DE L'AUTEUR

59 av. J.-C.
17 ap. J.-C.

REPÈRES HISTORIQUES

-60	Entente secrète entre César, Pompée, Crassus (premier triumvirat).
- 59	César devient consul.
- 58 (- 51)	Conquête de la Gaule par César.
- 55	Crassus et Pompée consuls.
- 52	Pompée, consul unique.
- 49	Coup d'État de César et début de sa dictature. Pompée est chassé.
- 48	Victoire de César sur Pompée à Pharsale. Assassinat de Pompée.
- 44	Assassinat de César comploté par Cassius et Brutus.
- 43	Second triumvirat : Octave, Antoine, Lépide.
- 42	Bataille de Philippes. Antoine et Octave battent les armées républicaines de Brutus et Cassius.
-40	Partage de l'Empire entre Antoine (qui prend l'Orient) et Octave (qui prend l'Occident).
-36	Guerre civile entre Antoine et Octave.
- 31	Victoire d'Octave sur Antoine à Actium.
- 30	L'Égypte devient province romaine.

REPÈRES CULTURELS – VIE ET ŒUVRE DE L'AUTEUR

- 65 Naissance du poète Horace.

- 59 **Naissance de Tite-Live à Padoue.**

-55 Mort du poète Lucrèce. Naissance du poète Tibulle.

- 51 Jules César rédige La *Guerre des Gaules.*

- 50 Naissance du poète Properce.

- 43 Mort de Cicéron. Naissance d'Ovide.

REPÈRES HISTORIQUES

- 29	Octave est seul maître de l'Empire.
- 27	Octave prend le nom d'Auguste. Fin de la République et début de l'Empire romain.
14 ap. J.-C.	Mort d'Auguste. Avènement de Tibère.

REPÈRES CULTURELS – VIE ET ŒUVRE DE L'AUTEUR

- 29	Virgile commence la rédaction de l'*Énéide.*
- 27	**Tite-Live commence la rédaction de l'*Histoire romaine.*** Virgile commence la rédaction de l'*Énéide.*
- 19	Mort de Virgile. Mort de Tibulle.
- 15	Mort de Properce.
- 8	Mort du poète Horace.
- 1	Naissance de Sénèque.
17 ap. J.-C.	**Mort de Tite-Live.**
18	Mort d'Ovide.

La Fondation de Rome

Énée s'enfuit de Troie portant son père Anchise sur les épaules.
Marbre du Bernin, XVIIe siècle (Rome, Galerie Borghèse).

I
Énée en Italie

Énée, prince et héros troyen, fils d'Anchise et d'Aphrodite (Vénus) s'est distingué par ses exploits pendant la guerre de Troie qui opposa son peuple aux Grecs. Après la victoire de ces derniers, il doit quitter sa patrie en proie à la destruction.

Un semblable désastre chassa Énée de sa patrie mais, appelé par les destins à de plus vastes projets, il passa d'abord en Macédoine ; il en partit à la recherche d'une terre et arriva en Sicile puis se dirigea par mer vers le territoire des Laurentes[1] : l'endroit s'appelle aussi Troie. C'est là que les Troyens débarquèrent. Après un voyage presque interminable, il ne leur restait pratiquement rien d'autre que leurs armes et leurs bateaux et ils volèrent des bêtes dans les champs. Le roi Latinus et les Aborigènes qui vivaient alors dans cette région se précipitèrent en armes pour écarter les envahisseurs de leur ville et de leurs champs. À partir de là, on trouve deux traditions : les uns disent que le roi Latinus fut battu ; il conclut la paix avec Énée

1. *Le territoire des Laurentes* : se situe dans le Latium.

puis le prit pour gendre. Selon d'autres, les deux armées étaient déjà disposées en ordre de bataille; avant de donner le signal Latinus s'était avancé au premier rang et avait invité le chef étranger à venir lui parler; il lui demanda qui ils étaient, d'où ils venaient, quel malheur les avait chassés de chez eux, ce qu'ils étaient venus chercher au pays des Laurentes. Quand il sut qu'ils étaient Troyens, que leur chef était Énée, fils d'Anchise et de Vénus, et qu'ils cherchaient après l'incendie de leur patrie une terre et un emplacement où fonder une ville, émerveillé par le renom du peuple et du héros et voyant qu'ils lui laissaient le choix entre la guerre et la paix, il tendit la main à Énée pour consacrer l'amitié à laquelle il s'engageait. Les chefs conclurent ensuite le traité, les troupes se saluèrent. Latinus offrit l'hospitalité à Énée et chez lui, en présence des dieux pénates[1], lui donna sa fille en mariage pour renforcer l'alliance de leurs peuples par un lien de parenté. Cette union garantissait surtout aux Troyens qu'ils avaient enfin trouvé en ce lieu un établissement durable et sûr, qui marquait le terme de leurs voyages. Ils fondèrent une ville; Énée l'appela Lavinium du nom de sa femme[2]; peu après, un héritier mâle naquit de cette union, ses parents lui donnèrent le nom d'Ascagne.

---

1. *Les dieux Pénates* : divinités chargées de veiller sur les provisions. Leur autel est le foyer de la maison. Chaque jour on interrompait le repas pour leur donner en offrande une portion des aliments. Le silence était requis jusqu'à ce que le chef de famille prononce : « Les dieux sont propices ».
2. *Du nom de sa femme* : la femme d'Enée se prénomme Lavinia.

II
La guerre contre les Étrusques

Aborigènes et Troyens eurent ensuite à combattre ensemble. Le roi des Rutules, Turnus, à qui Lavinia avait été promise avant l'arrivée d'Énée, mécontent de la préférence accordée à un étranger, avait déclaré la guerre à Énée et à Latinus. Les deux armées quittèrent le champ de bataille également attristées : les Rutules étaient battus, les Troyens et les Aborigènes avaient remporté la victoire mais leur chef, Latinus, était mort. Effondrés par cet échec, Turnus et les Rutules firent appel aux puissantes cités étrusques et à leur chef Mézence qui régnait sur Caeré [1], alors en pleine prospérité; dès le début, la fondation d'une ville nouvelle lui avait fortement déplu, car il voyait que le développement de la puissance troyenne constituait pour les habitants du pays une grave menace; il ne se fit donc pas beaucoup prier pour combattre aux côtés des Rutules.

La perspective d'une guerre aussi redoutable poussa Énée à resserrer l'entente avec les Aborigènes : il voulut qu'ils aient, en plus de l'égalité des droits, le même nom et donna aux deux peuples le nom de Latins; par la suite les Aborigènes manifestèrent à l'égard de leur roi Énée autant de dévouement et de fidélité que les Troyens. Comptant sur l'union de jour en jour plus étroite entre les deux peuples et malgré la suprématie terrestre et maritime que les Étrusques

1. *Caeré* : autre nom de Cerveteri.

exerçaient alors sur l'ensemble de l'Italie, des Alpes au détroit de Sicile, Énée mit ses troupes en lignes, bien qu'il lui fût possible de repousser l'attaque à l'abri des remparts. Les Romains remportèrent la victoire mais ce fut pour Énée le dernier acte de sa vie mortelle; quel que soit le titre que lui accordent les dieux et les hommes, il repose au bord du Numicus[1]. On l'invoque sous le nom de Jupiter Indigète[2].

III
Fondation d'Albe-la-Longue

Le fils d'Énée, Ascagne, n'était pas encore en âge de régner, son pouvoir demeura toutefois intact jusqu'à sa majorité; pendant tout ce temps, une femme assura la régence : par ses qualités exceptionnelles Lavinia sut conserver pour son fils le Latium et le pouvoir qu'avaient exercé son grand-père et son père. [...] Cet Ascagne donc – peu importe son lieu de naissance et sa mère, on est sûr du moins qu'il est le fils d'Énée[3] – devant l'afflux de population, laissa Lavinium alors en pleine prospérité, du moins pour l'époque, à sa mère (ou sa belle-mère) et fonda une ville nouvelle au pied du mont

1. *Numicus* : nom d'une petite rivière du Latium.
2. *Jupiter Indigète* : les dieux indigètes (du latin *indiges*, « qui est du pays ») sont les dieux de la patrie.
3. *Le fils d'Énée* : Ascagne que la légende nomme aussi Iule est parfois désigné comme le fils de la première femme d'Énée Créuse, morte avant l'arrivée au Latium.

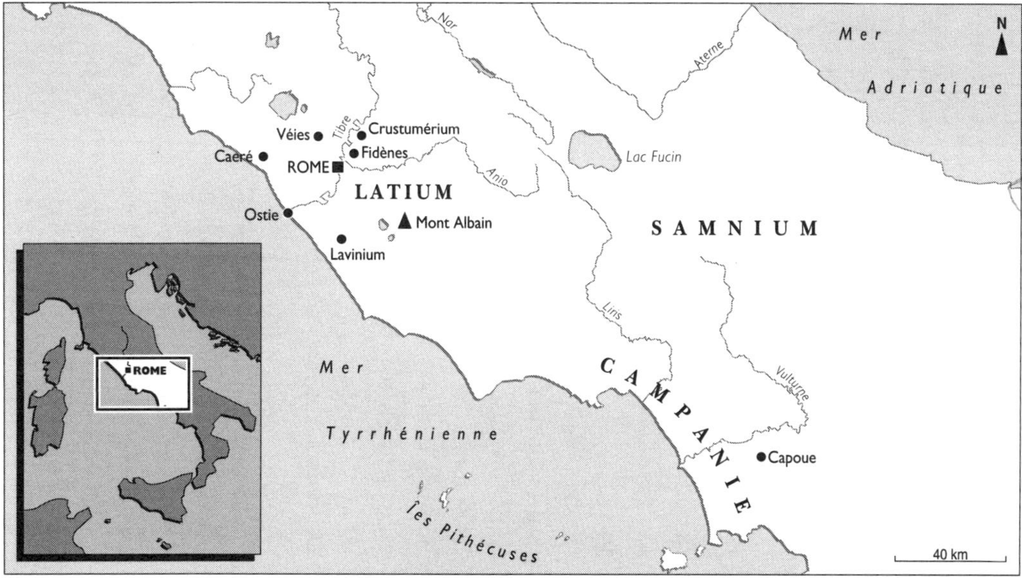

Carte : Edigraphie

Le Latium

Albain ; son nom d'Albe-la-Longue vient de sa situation : elle s'étire en effet sur la croupe de la montagne. Il s'écoula environ trente ans entre la fondation de Lavinium et l'établissement de la colonie d'Albe. Énée avait laissé un État assez fort, surtout après la défaite des Étrusques, pour empêcher qu'après lui, pendant la régence d'une femme et les années d'apprentissage du jeune roi, Mézence et les Étrusques ou quelque autre peuple du voisinage ose prendre les armes. Le traité de paix avait stipulé que l'Albula – c'était l'ancien nom du Tibre – marquerait la limite entre les Étrusques et les Latins.

Le fils d'Ascagne, Silvius, régna ensuite ; quelque hasard l'avait fait naître dans les bois[1] ; il eut pour fils Énée Silvius, lui-même père de Silvius Latinus. Celui-ci fonda plusieurs colonies, qui formèrent la première fédération latine. Tous les rois d'Albe gardèrent ensuite le surnom de Silvius.

Une dynastie d'une dizaine de rois se succède sur le trône d'Albe jusqu'à Proca, qui lègue le pouvoir à Numitor, son fils aîné. Mais Amulius, le cadet, s'en empare par la force, tue ses neveux et fait de sa nièce, Rhéa Silvia, une gardienne du temple de Vesta, la déesse du foyer. En agissant ainsi, il voue Rhéa Silvia au célibat car il était interdit aux Vestales de se marier et d'avoir des enfants.

1. *Dans les bois* : en latin, « forêt » se dit *silva*.

IV
Naissance et exposition de Romulus et Rémus, fils de Rhéa Silvia

Mais la naissance d'une si grande ville et le début d'un empire que le pouvoir seul des dieux devait surpasser étaient, je pense, entre les mains du destin : la Vestale, violée, mit au monde des jumeaux; elle prétendit que Mars était leur père : ou elle croyait que c'était vrai, ou elle voulait cacher sa faute en la mettant sur le compte d'un dieu. Mais ni les dieux ni les hommes ne purent soustraire la mère ou sa descendance à la cruauté du roi : il fit enchaîner et emprisonner la prêtresse et ordonna que les enfants soient jetés dans le fleuve. Par quelque hasard providentiel, le Tibre avait débordé et formait de vastes nappes d'eau dormante; les porteurs, ne pouvant atteindre le lit du fleuve, crurent qu'il y avait assez d'eau pour noyer des nouveau-nés, même s'il n'y avait pas de courant. Persuadés d'avoir rempli leur mission, ils laissèrent les enfants dans la première fondrière[1] venue, à l'endroit où se dresse aujourd'hui le figuier de Rumina[2]; on dit qu'il aurait porté le nom de Romulus.

L'endroit était alors désert et inhabité. Selon la légende, la corbeille dans laquelle les enfants avaient été abandonnés flotta puis s'immobilisa quand l'eau

1. *Fondrière* : trou rempli d'eau ou de boue.
2. *Rumina* : déesse qui présidait à l'allaitement des enfants.

La louve nourrissant les jumeaux.
(Rome, musée du Capitole).

se retira ; une louve, que la soif avait fait descendre des montagnes voisines, accourut en entendant les cris des nouveau-nés ; se couchant, elle leur présenta délicatement ses mamelles si bien que le berger du roi – il s'appelait Faustulus d'après la tradition – la trouva en train de les lécher. Il les emmena à la bergerie et les donna à élever à sa femme Larentia ; selon certains, Larentia était une prostituée et les bergers l'auraient surnommée « la louve », ce serait l'origine du récit et du miracle. Telle fut leur naissance et leur enfance ; en prenant de l'âge, ils refusèrent de rester sans rien faire à la bergerie ou auprès du troupeau et se mirent à chasser à travers bois. Cette vie active les développa physiquement et moralement ; la lutte contre les bêtes sauvages ne leur suffisait plus : ils attaquaient des brigands chargés de butin, distribuaient leurs prises aux bergers, partageaient les occupations et les jeux d'une troupe de jeunes gens qui augmentait de jour en jour.

V
Reconnaissance des jumeaux

Suivant la tradition, la fête du Lupercal[1] existait déjà à cette époque sur le Palatin[2]. La colline s'était d'abord

---

1. *La fête du Lupercal* : le 15 février avait lieu la fête des Lupercales pendant laquelle des jeunes gens vêtus de peaux de chèvre couraient autour du Palatin en flagellant sur leur passage les femmes qui désiraient avoir un enfant.
2. *Le Palatin* : l'une des sept collines de Rome.

appelée Pallantium, tirant son nom de Pallantée, ville arcadienne, d'où Palatium. Évandre[1], originaire de cette cité d'Arcadie et maître des lieux depuis longtemps, avait institué une fête annuelle d'origine arcadienne en l'honneur de Pan[2], honoré sur le mont Lycée[3], que les Romains appelèrent par la suite Inuus : il y avait surtout des courses que se disputaient par jeu et par amusement des jeunes gens nus. La date de la fête, qui revenait tous les ans, était connue : les brigands, furieux d'avoir été dépossédés, attaquèrent traîtreusement les jeunes gens pendant qu'ils participaient aux jeux : Romulus parvint à se dégager mais ils arrêtèrent Rémus. Ils amenèrent leur prisonnier au roi Amulius et commencèrent par l'accuser, prétendant qu'il s'attaquait surtout aux terres de Numitor; avec une bande qui agissait comme en pays ennemi, les deux frères mettaient ses biens à sac. Amulius livra donc Rémus à Numitor pour qu'il le punisse.

Faustulus s'était douté depuis le premier jour que les enfants qu'il élevait étaient de sang royal : il savait en effet que les nouveau-nés avaient été abandonnés sur ordre du roi et la date coïncidait exactement avec le moment où ils les avait recueillis; mais il n'avait pas

---

1. *Évandre* : selon la légende, soixante ans avant la guerre de Troie, Évandre, exilé d'Arcadie, région de Grèce, s'installa dans le Latium sur le mont Palatin. Il devint roi et transmit à ses sujets sa connaissance de l'écriture, de la musique et la pratique des cultes arcadiens.
2. *Pan* : dans la mythologie grecque, dieu des bergers, mi-homme mi-bouc.
3. *Le mont Lycée* : montagne d'Arcadie.

voulu divulguer le secret trop tôt, attendant soit une circonstance favorable, soit un cas de force majeure; or, ce cas se produisit d'abord. Le danger l'obligea à révéler l'histoire à Romulus. Numitor apprit par hasard que son prisonnier, Rémus, avait un frère jumeau; considérant l'âge des jeunes gens et plus encore leur caractère qui n'avait rien de commun avec celui des esclaves, il se rappela ses petits-fils; à force de se renseigner, il était tout près lui aussi de reconnaître Rémus. Un double complot se forma donc contre Amulius. Romulus n'était pas assez fort pour attaquer ouvertement le roi avec sa bande, il ordonna aux bergers de venir séparément, par des chemins différents, et leur fixa le moment précis où ils devaient se trouver devant le palais. Rémus partit en même temps de la maison de Numitor et lui prêta main-forte avec une autre bande. C'est ainsi que Rémus égorgea le roi.

VI
Numitor rentre en possession du pouvoir royal

Numitor avait publié de tous côtés, dès le début de l'attaque, que des ennemis s'étaient introduits dans la ville et attaquaient le palais; il avait ainsi éloigné l'armée albaine en l'envoyant défendre la citadelle et l'occuper militairement. Quand il sut que les jeunes gens revenaient après avoir tué le roi et le félicitaient, il réunit immédiatement le peuple, évoqua les crimes dont son frère s'était rendu coupable à son égard, la situation de ses petits-fils – les conditions de leur naissance, de leur enfance, de leur reconnaissance – et pour finir l'assassinat du tyran, dont il assumait la responsabilité. Les jeunes gens arrivèrent en force au milieu de l'assemblée ; ils saluèrent leur grand-père du nom de roi ; aussitôt toute l'assistance reprit l'acclamation et lui accorda à l'unanimité le titre et le pouvoir royal.

Après avoir rendu au roi son autorité sur Albe, Romulus et Rémus voulurent fonder une ville à l'endroit où ils avaient été abandonnés et où ils avaient passé leur enfance. En fait les Albains et les Latins étaient trop nombreux ; des bergers étaient venus aussi se joindre à eux : toute cette affluence laissait prévoir qu'un jour Albe et Lavinium seraient peu de chose en comparaison de la ville que l'on allait fonder. Le mal héréditaire de la famille, la passion du pouvoir, fit obstacle à ces projets et une circonstance bien anodine provoqua une affreuse rivalité. Comme ils étaient jumeaux et qu'on ne pouvait les départager en fonction de l'âge, les jeunes gens voulurent que les dieux protecteurs des lieux désignent par le vol des oiseaux celui qui donnerait son nom à la ville nouvelle et qui régnerait sur la ville une fois qu'elle serait fondée ; pour observer les oiseaux[1], Romulus se plaça sur le Palatin, Rémus sur l'Aventin[2].

---

1. *Pour observer les oiseaux* : les Romains interprétaient l'avenir dans le vol des oiseaux ; on traçait, dans le ciel, un rectangle (*templum*) imaginaire dont les côtés correspondaient aux points cardinaux, et à l'intérieur duquel on observait le passage des oiseaux.
2. *L'Aventin* : l'une des sept collines de Rome. Pour le Palatin, voir note 2, p. 33.

VII
La fondation de Rome

D'après la tradition, Rémus fut le premier à constater un signe : six vautours; la nouvelle se répandait déjà quand le double d'oiseaux se montra à Romulus, et chacun fut salué par ses partisans du titre de roi. Ils revendiquaient le pouvoir en faisant valoir les uns la priorité dans le temps, les autres le nombre des oiseaux. Ils en vinrent à se disputer, la colère monta et le sang coula. Dans la bagarre Rémus tomba, mortellement blessé. Il existe une autre version des faits, plus répandue : par dérision, Rémus aurait franchi les limites que son frère venait de tracer. Romulus l'aurait tué sous le coup de la colère, en ajoutant cet avertissement : « Qu'il en soit de même à l'avenir pour tout homme qui franchira mon enceinte[1] ! » C'est ainsi que Romulus régna seul; la ville une fois fondée prit le nom de son fondateur.

Romulus fortifia d'abord le Palatin où il avait passé son enfance. Il offrit un sacrifice aux dieux selon le rite d'Albe et à Hercule selon le rite grec, respectant la règle établie par Évandre. On raconte qu'Hercule, après avoir tué Géryon[2], conduisait dans

1. *Tout homme qui franchira mon enceinte* : les Romains considéraient comme sacrée la ligne qui marquait le contour des murailles (le *pomoerium*). À l'intérieur de cette zone régnait la paix assurée par Jupiter, et nul n'était autorisé à franchir en armes cette enceinte fictive.
2. *Géryon* : géant monstrueux dont Hercule (Héraclès, en grec) dut s'emparer du troupeau pour accomplir l'un de ses douze travaux.

ces parages son troupeau, des bœufs magnifiques. Il arriva au bord du Tibre; après avoir traversé le fleuve à la nage en poussant ses bêtes devant lui, il s'arrêta dans une belle prairie pour faire paître et reposer son troupeau. Le voyage l'avait fatigué et il s'étendit à son tour. Alourdi par son repas et par le vin, il s'était endormi quand un berger des environs, un certain Cacus, un homme d'une force redoutable, voulut emmener les bœufs, séduit par leur beauté. Mais, s'il poussait le troupeau devant lui pour le mener à sa grotte, les traces de pas y conduiraient son propriétaire parti à leur recherche. Il tira donc les plus belles bêtes par la queue et les fit venir à reculons jusque dans sa grotte.

38 Hercule se réveilla aux premières lueurs du jour; parcourant son troupeau du regard, il s'aperçut qu'il lui manquait un certain nombre de bêtes. Il se rendit tout droit à la grotte la plus proche pour voir si les traces de pas menaient à son troupeau; il vit que toutes étaient tournées vers l'extérieur et ne conduisaient nulle part : n'y comprenant rien et ne sachant que faire, il s'apprêtait à quitter ces lieux hostiles en poussant son troupeau devant lui. Mais, comme il est normal, les bœufs qu'il emmenait réclamèrent ceux qui restaient et se mirent à beugler; les bêtes enfermées dans la grotte répondirent à leur appel et forcèrent Hercule à revenir sur ses pas. Cacus fit tout ce qu'il put pour l'empêcher d'entrer dans la grotte, mais Hercule l'abattit d'un coup de massue alors qu'il appelait en vain les bergers à son secours.

Chassé du Péloponnèse, Évandre[1] exerçait alors sur ces lieux une autorité de fait plus qu'une autorité de droit : on le respectait parce qu'il connaissait l'écriture, invention merveilleuse pour des êtres primitifs, et plus encore parce qu'il passait pour le fils de la déesse Carmenta dont on admirait les dons de prophétie avant l'arrivée de la Sibylle[2] en Italie. Alerté par l'attroupement des bergers qui se pressaient autour de l'étranger pris en flagrant délit de meurtre, Évandre se renseigna sur le crime et les mobiles du crime ; puis, considérant le héros dont la taille et la majesté paraissaient surnaturelles, il lui demanda qui il était. Quand il sut comment il s'appelait, qui était son père et quelle était sa patrie, il s'écria : « Je te salue, Hercule, fils de Jupiter. Ma mère, fidèle interprète des dieux, m'avait prédit qu'un jour tu grossirais le nombre des dieux et qu'un autel te serait consacré à cet emplacement ; le peuple appelé à devenir le plus puissant du monde lui donnerait le nom d'*ara maxima* et le desservirait selon ton rite. »

Hercule lui tendit la main, lui dit qu'il acceptait le présage et réaliserait la prédiction une fois que l'autel serait fondé et consacré. Pour le premier sacrifice offert à Hercule sur cet autel, on choisit dans le troupeau une bête magnifique. [...] C'est le seul culte étranger que Romulus ait introduit ; il honorait déjà

1. *Évandre* : voir note 1, p. 34.
2. *La Sibylle* : femme inspirée par les Dieux, qui avait le pouvoir de prédire l'avenir.

l'immortalité acquise par le mérite[1], à laquelle son propre destin l'appelait par ailleurs.

VIII
Le peuplement de Rome

Après avoir achevé dans les règles les cérémonies du culte, Romulus réunit la foule qui ne pouvait former un peuple organisé sans institutions et lui donna des lois; il croyait nécessaire, pour faire respecter ces lois, d'en imposer à cette population agreste[2] en s'octroyant les insignes du pouvoir et, parmi les mesures qu'il prit pour augmenter son prestige, s'attribua douze licteurs[3]. Pour certains il aurait fixé ce nombre d'après celui des oiseaux qui lui avaient révélé par un signe qu'il exercerait le pouvoir. Je me range sans hésiter du côté de ceux qui attribuent la création des licteurs et des appariteurs[4] de ce genre aux Étrusques voisins, à qui nous devons aussi la chaise curule et la toge pré-

---

1. *L'immortalité acquise par le mérite* : Hercule, fils d'un dieu et d'une mortelle, n'est pas un demi-dieu. Il gagna son immortalité à sa mort, après avoir accompli ses douze travaux surhumains. Comme lui, Romulus acquit la réputation d'être devenu immortel après sa mort.
2. *Cette population agreste* : cette population d'agriculteurs.
3. *Douze licteurs :* les licteurs étaient chargés de repousser la foule autour du roi, d'arrêter ou d'exécuter ceux qui étaient désignés par lui. Sur l'épaule gauche, ils portaient les faisceaux, assemblage de verges liées autour d'une hache. Ces faisceaux symbolisaient l'*imperium* (droit de vie et de mort).
4. *Appariteurs* : personnages chargés d'accompagner les magistrats.

texte[1]. Je pense que le nombre des licteurs vient aussi de ce peuple car les douze cités de la confédération étrusque envoyaient chacun un licteur pour élire le roi.

La ville s'agrandissait par l'annexion de nouveaux terrains à l'intérieur des fortifications, car on songeait à abriter non pas tant les habitants actuels que la population à venir. Mais Romulus ne voulait pas que la ville se développe inutilement : pour attirer du monde, suivant l'exemple des fondateurs de villes qui font venir une foule obscure et misérable, quitte à prétendre ensuite qu'il s'agit d'une population autochtone[2], il ouvrit un lieu d'asile à l'endroit aujourd'hui clos qui se trouve entre les deux bois sacrés quand on monte au Capitole[3]. Une foule disparate, faite d'esclaves et d'hommes libres, et désireuse de changer d'existence, s'y réfugia : ce premier noyau est à l'origine de la puissance romaine. Rassuré sur les ressources en hommes, Romulus forma un sénat de cent membres, soit que ce nombre lui parût suffisant, soit qu'il n'y eût pas alors plus de cent personnes à pouvoir entrer à l'assemblée. Cet honneur leur valut le nom de pères et à leurs descendants celui de patriciens[4].

1. *La chaise curule et la toge prétexte* : chaise en ivoire et toge bordée d'une large bande de pourpre, qui étaient les insignes des rois et des dieux.
3. *Autochtone* : originaire de l'endroit.
4. *Capitole* : l'une des sept collines de Rome.
5. *Patriciens* : membres des grandes familles (*gentes*) qui rassemblaient ceux qui prétendaient descendre d'un ancêtre plus ou moins divin. Ils se distinguaient des plébéiens, hommes libres mais dont l'origine n'était pas « divine » et qui n'avaient aucun droit.

IX
L'enlèvement des Sabines

Les Romains étaient désormais assez forts pour soutenir la lutte contre n'importe lequel de leurs voisins; mais le manque de femmes condamnait leur puissance à s'éteindre au bout d'une génération, s'ils n'avaient pas l'espoir de faire souche à Rome et si les autres peuples refusaient de s'unir à eux. Sur proposition du sénat, Romulus envoya des ambassadeurs dans les villes voisines pour obtenir en faveur du nouveau peuple un traité d'alliance reconnaissant le droit de mariage : comme tous les êtres, disaient-ils, les villes à leur naissance étaient peu de chose; grâce à leur valeur et à la faveur des dieux, elles acquéraient avec le temps de grandes ressources et un grand renom. Ils savaient que les dieux avaient présidé à la naissance de Rome et que la valeur ne lui ferait pas défaut. Qu'ils acceptent donc de mêler leur sang et leur race, comme il est normal dans la communauté humaine. Nulle part les propositions des ambassadeurs ne furent bien accueillies, tellement les peuples méprisaient et redoutaient à la fois cette présence qui constituait pour eux et pour leurs descendants une menace de plus en plus précise. Ils les laissèrent repartir en leur demandant plus d'une fois pourquoi ils n'avaient pas ouvert aussi un asile aux femmes : c'était le seul moyen pour eux de former des couples bien assortis!

La jeunesse de Rome était blessée dans son amour-propre et il était clair qu'on en viendrait à un coup de force. Romulus fit taire son ressentiment et, cher-

L'enlèvement des Sabines peint par David (1748-1825).
Musée du Louvre.

chant une occasion et un décor favorable à son projet, organisa des Jeux solennels en l'honneur de Neptune équestre ; il appela cette fête *Consualia*; il fit savoir que les peuples voisins étaient invités au spectacle. Avec les moyens et les techniques de l'époque, les Romains mettaient tout en œuvre pour que ces Jeux fassent date et soient attendus avec impatience. Il y eut beaucoup de monde; on vint surtout des villes les plus proches, Caenina, Crustumérium, Antemnae; les Sabins aussi arrivèrent en foule avec femmes et enfants. Ils furent reçus dans différentes maisons. Admirant la situation de la ville, ses remparts, le nombre des maisons, ils furent surpris de la croissance si rapide de l'État romain. Le spectacle commença et lorsqu'il accapara toute l'attention, on lança l'attaque selon le plan convenu. Au signal, les jeunes Romains se précipitèrent pour enlever les jeunes filles. La plupart des enlèvements se firent au hasard des rencontres. Les plus belles filles étaient réservées aux notables et les gens du peuple étaient chargés de les leur amener chez eux. On dit que l'une d'entre elles, qui dépassait toutes les autres par l'éclat remarquable de sa beauté, fut enlevée par des gens au service de Thalassius. Beaucoup demandaient à qui elle était destinée et ils répondirent plus d'une fois qu'ils la conduisaient chez Thalassius; l'exclamation utilisée dans les mariages[1] viendrait de là.

1. *L'exclamation utilisée dans les mariages* : « À Thalassius » est le cri que poussait le cortège nuptial conduisant la mariée romaine de la maison de son père à celle de son mari.

La peur avait troublé les jeux. Les parents des jeunes filles, au désespoir, partirent précipitamment en dénonçant la violation des lois de l'hospitalité et en invoquant le dieu que l'on fêtait ce jour-là : venus assister aux Jeux qu'on donnait en son honneur, ils avaient été odieusement et perfidement trompés. Les victimes étaient tout aussi désolées et protestaient aussi fort. Mais Romulus en personne se montra ici ou là, expliquant que les vrais coupables étaient leurs pères, qui avaient refusé par orgueil de donner leurs filles à leurs voisins; leur union serait légitime; elles partageraient avec leur époux leurs biens, le droit de cité et l'affection de leurs enfants, la plus douce des joies au cœur des hommes. Qu'elles apaisent donc leur courroux et acceptent de bonne grâce ceux que le hasard leur aurait donnés pour maîtres; le temps bien souvent transformait l'outrage en plaisir; leurs maris les traiteraient d'autant mieux qu'ils voudraient, en remplissant leurs devoirs conjugaux, les consoler d'être séparées de leurs parents et de leur patrie. Les ravisseurs de leur côté cherchaient à gagner leurs faveurs, prétendant avoir agi sous l'empire de la passion; or ce sont là des arguments très puissants pour vaincre la résistance des femmes.

X
Victoire de Romulus sur les habitants de Caenina

Les victimes de l'enlèvement s'étaient bien radoucies, mais les parents des victimes, par leurs vêtements de deuil, par leurs larmes et par leurs lamentations entretenaient l'indignation parmi leurs concitoyens; d'ailleurs, non contents de protester chez eux, ils allèrent ensemble trouver le roi des Sabins Titus Tatius; il y avait même des délégations officielles car Tatius était très réputé dans le pays. Les habitants de Caenina, de Crustumérium et d'Antemnae figuraient parmi ceux qui avaient été offensés et ils trouvaient que Tatius et les Sabins étaient bien lents à réagir. Ces trois peuples donc s'entendirent pour mener conjointement la guerre, par leurs propres moyens; et même à Crustumérium et à Antemnae, on ne montrait pas assez d'empressement au gré des habitants de Caenina : tout bouillants de colère ces derniers finirent par envahir seuls le territoire romain. Comme ils saccageaient tout, Romulus partit en guerre et un bref combat suffit à leur montrer que la colère ne valait rien si elle n'avait pas la force avec elle. Il bouscula leur troupe, la mit en fuite et poursuivit les fuyards; au cours du combat, il tua leur roi et le dépouilla de ses armes. Après la mort du chef ennemi, il prit leur ville au premier assaut.

De retour avec son armée victorieuse, le roi, salué comme un héros en raison de ses exploits et expert dans l'art de les mettre en valeur, monta au Capitole[1], portant sur un brancard spécialement fabriqué pour cet usage les dépouilles prises sur le cadavre du chef ennemi et les déposa au pied d'un chêne vénéré[2] par

1. *Capitole* : voir note 4, p. 41.
2. *Un chêne vénéré* : le chêne est un arbre sacré qui symbolise la majesté de Jupiter.

les bergers; tout en déposant son offrande, il dessina les limites d'un sanctuaire en l'honneur de Jupiter et désigna le dieu d'un nom nouveau : «Jupiter Férétrien[1], voici des dépouilles royales que moi, le roi Romulus, je t'apporte en offrande; je te consacre un temple sur l'emplacement que je viens de délimiter, il est destiné à recevoir les dépouilles opimes[2] qu'apporteront ceux qui après moi auront tué un roi ou un chef ennemi.» Telle est l'origine de ce temple, le plus ancien des temples romains. Les dieux n'ont pas voulu que le souhait du fondateur, demandant solennellement que ses successeurs déposent là les dépouilles opimes, demeure vain, ni que cet honneur devienne banal s'ils étaient nombreux à le partager. Par la suite, au cours de tant d'années, de tant de guerres, cette distinction demeura tellement exceptionnelle qu'on ne déposa pas plus de deux fois les dépouilles opimes.

XI
La trahison de Tarpéia

Les Antemnates, voyant que les Romains étaient pris par les cérémonies et que le pays n'était pas gardé, profitèrent de l'occasion pour attaquer le ter-

1. *Jupiter Férétrien* : Férétrien signifie «celui qui remporte les dépouilles».
2. *Les dépouilles opimes* : armes qu'un chef enlève au chef ennemi qu'il a tué sur un champ de bataille.

ritoire de Rome. La légion romaine envoyée précipitamment contre eux les surprit alors qu'ils étaient dispersés à travers champs; les ennemis furent donc écrasés dès le premier assaut et le premier cri de guerre, et leur ville fut prise. Romulus fêtait sa double victoire, quand son épouse Hersilia, à la prière des jeunes femmes qui avaient été enlevées, le supplia de pardonner à leurs parents et de leur accorder le droit de cité; l'État profiterait de la réconciliation pour s'accroître. Elle obtint facilement gain de cause.

Romulus marcha ensuite contre les habitants de Crustumérium qui partaient en guerre : le combat fut encore moins violent, car les défaites des autres les avaient découragés. On installa des colons dans les deux villes : on s'inscrivit surtout pour Crustumérium à cause de la fertilité du sol; beaucoup d'habitants de Crustumérium vinrent aussi à Rome, surtout les parents des jeunes filles qui avaient été enlevées et les membres de leur famille.

Les Sabins déclenchèrent la dernière guerre et ce fut de loin la plus importante; ils n'agirent pas en effet sous le coup de la colère ou de la passion et ne montrèrent leurs intentions belliqueuses qu'au moment de passer à l'action. Une trahison servit leurs desseins. Le commandant de la citadelle à Rome était Spurius Tarpéius. Il avait une fille, qui était Vestale[1]. Tatius obtint d'elle, à prix d'or, qu'elle

1. *Vestale* : prêtresse chargée d'entretenir le feu, symbole de la vie de la cité, dans le temple de Vesta.

fasse entrer ses hommes dans la citadelle : elle était sortie ce jour-là puiser de l'eau à l'extérieur des remparts pour les besoins du culte. Quand ils furent entrés, ils la tuèrent en lançant leurs armes sur elle pour faire croire que la citadelle avait été prise de force, ou encore pour montrer par cet exemple qu'un traître ne peut avoir confiance dans la parole donnée. Les Sabins portaient généralement au bras gauche des bracelets en or très lourds et des anneaux ornés de pierres précieuses; d'après la légende, la jeune fille aurait fixé comme condition qu'ils lui donnent ce qu'ils portaient au bras gauche : pour lui obéir, ils auraient jeté sur elle non pas leurs bijoux mais leurs boucliers. Selon certains, lors des discussions, elle aurait nettement désigné leurs boucliers en demandant ce qu'ils portaient au bras gauche, mais eux, craignant une ruse, lui auraient donné la mort pour tout salaire.

XII
Victoire des Romains

Quoi qu'il en soit, les Sabins étaient maîtres de la citadelle : le lendemain, l'armée romaine se rangea dans la plaine qui sépare le Palatin du Capitole, remplissant l'étroit passage; mais les Sabins attendaient pour descendre que la colère et le désir de reprendre la citadelle poussent les Romains à gravir la pente en face d'eux. Mettius Curtius du côté sabin et Hostius Hostilius du côté romain menaient le combat au premier rang. Celui-ci, malgré sa position défavorable, se tenait devant les enseignes et défendait Rome avec courage et bravoure. Quand Hostilius tomba, l'armée romaine fléchit immédiatement et s'enfuit en désordre vers l'ancienne porte du Palatin. Romulus lui-même était entraîné par la foule des fuyards. Il éleva ses armes vers le ciel en disant : « Jupiter, c'est sur ordre de tes auspices[1] que j'ai jeté ici sur le Palatin les premiers fondements de Rome. Les Sabins tiennent la citadelle, au prix d'une trahison. Leurs soldats ont déjà franchi la vallée qui nous sépare d'eux et marchent sur nous. Père des dieux et des hommes, je t'en prie, empêche les ennemis de venir jusqu'ici, fais cesser la peur des Romains, arrête leur honteuse déroute ! Je promets d'élever ici un temple à Jupiter Stator[2] : puisse ce temple rappeler à la postérité que la ville a été sauvée par ton aide secourable ! »

La prière terminée, faisant comme s'il avait reçu une réponse favorable, il déclara : « Romains, Jupiter Très Bon et Très Grand ordonne que nous arrêtions notre fuite et que nous reprenions le combat. » Les Romains s'arrêtèrent, croyant que l'ordre venait du ciel. Romulus s'élança lui-même au premier rang. Du côté sabin Mettius Curtius avait été le premier à descendre en courant de la citadelle et avait bousculé les Romains en déroute aussi loin qu'il l'avait pu. Il était près de la porte du Palatin et criait : « Nous avons

1. *Auspices* : présages tirés du vol des oiseaux (voir note 1, p. 36).
2. *Jupiter Stator* : Jupiter « qui arrête les fuyards ».

vaincu nos hôtes malhonnêtes, nos lâches ennemis. Ils le savent maintenant : ce n'est pas la même chose d'enlever des jeunes filles et de se battre contre des hommes. » Comme il se vantait ainsi, Romulus se jeta sur lui, entouré de jeunes gens particulièrement hardis. Mettius combattait à cheval et on le repoussa d'autant plus facilement. Quand il commença à reculer, les Romains se lancèrent à sa poursuite. Le reste de l'armée romaine, stimulée par l'audace du roi, mit en fuite les Sabins. Emporté par son cheval qu'affolait le bruit de la poursuite, Mettius tomba dans le marais : cet accident arrêta la fuite des Sabins, qui voyaient dans quel danger se trouvait un homme d'une telle bravoure; grâce aux encouragements que lui prodiguaient de la voix ou du geste de nombreux Sabins, Mettius finit par sortir du marécage. Romains et Sabins recommencèrent à se battre dans le vallon qui sépare les deux collines, mais Rome avait pris l'avantage.

XIII
La paix est conclue avec les Sabins

Alors les Sabines, dont l'enlèvement avait causé cette guerre, après avoir dénoué leurs cheveux et déchiré leurs vêtements, osèrent, tant la douleur l'emportait sur la peur naturelle aux femmes, s'avancer au milieu des traits[1] qui volaient. Elles se préci-

1. *Traits* : flèches.

pitèrent au milieu du champ de bataille, séparant les armées en ligne, séparant les ressentiments; elles suppliaient tour à tour leur père et leur mari de ne pas se couvrir par un crime affreux du sang d'un gendre ou d'un beau-père, de ne pas souiller par le meurtre de leurs parents les enfants qu'elles avaient mis au monde, leurs petits-fils ou leurs fils. « Si vous n'acceptez pas cette alliance et cette union, tournez contre nous votre colère : c'est pour nous que vous faites la guerre, pour nous que nos pères et nos maris sont blessés et succombent à leurs blessures. Mieux vaudrait pour nous être mortes que vous survivre, ou veuves ou orphelines ! » La scène émut à la fois les soldats et les chefs. Le silence s'établit soudain et on cessa de se battre. Les chefs s'avancèrent

donc pour conclure un accord. Ils firent la paix et décidèrent en outre de réunir les deux états; le pouvoir royal fut partagé et le gouvernement concentré à Rome. [...]

Les bienfaits d'une paix inespérée, après une guerre si cruelle, rendirent les Sabines plus chères à leurs époux et à leurs parents mais surtout à Romulus. Il donna leur nom aux trente curies[1] entre lesquelles il répartit la population de Rome. [...]

1. *Curies* : le peuple romain fut divisé par Romulus en trois *tribus*, chacune divisée en dix *curies*.

XIV
Guerre contre Fidènes

Les Fidénates, trouvant inquiétant le voisinage de cet État qui se développait à côté de chez eux, décidèrent de le combattre avant qu'il ait acquis toute la puissance que l'avenir semblait lui réserver. Ils envoyèrent des jeunes gens saccager le territoire entre Rome et Fidènes. Puis ils se dirigèrent vers la gauche, puisqu'à droite ils étaient arrêtés par le Tibre et continuèrent leurs ravages, provoquant l'effroi dans les campagnes. L'alerte fut donnée par l'exode des paysans qui se réfugiaient précipitamment à Rome.

Romulus se mit en route sans attendre, car une guerre si proche ne tolérait aucun retard, et campa à quinze cents mètres de Fidènes. Ne laissant que quelques hommes pour garder le camp, il partit avec le reste de l'armée, plaça une partie des effectifs en embuscade, avec ordre de rester cachés au milieu des broussailles qui se trouvaient là et partit avec le gros de ses troupes et toute la cavalerie; il fit venir les ennemis – c'était ce qu'il cherchait à obtenir – en lançant des attaques, des défis et même en se promenant à cheval jusqu'aux portes de la ville. Les cavaliers devaient faire semblant de fuir, ce qui pouvait paraître assez normal après la charge; les hommes donnaient l'impression d'avoir peur et de ne savoir s'ils poursuivaient le combat ou prenaient la fuite. Quand les fantassins[1] se

1. *Fantassins* : soldats qui vont à pied.

mirent à reculer à leur tour, les ennemis ouvrirent les portes toutes grandes et se précipitèrent au-dehors; ils bousculèrent les lignes romaines et, entraînés par le désir de poursuivre l'ennemi jusque dans ses derniers retranchements, tombèrent dans l'embuscade. Surgissant de leur cachette, les Romains attaquèrent l'armée ennemie en la prenant à revers. Les soldats laissés à la garde du camp sortirent à leur tour, augmentant l'effroi. Épouvantés par tous ces dangers, les Fidénates tournèrent le dos sans attendre que Romulus et les cavaliers qui l'accompagnaient se retournent contre eux. Ils cherchaient à regagner la ville, dans la plus grande confusion, car leur fuite n'était pas feinte alors qu'un moment plus tôt ils poursuivaient une armée qui faisait semblant de s'enfuir. Ils n'arrivèrent

pas en dépit de leurs efforts à se défaire de leurs ennemis : les serrant de près, les Romains entrèrent à leur suite avant qu'on ait pu refermer les portes.

XV
Guerre contre Véies

Par contagion, la guerre de Fidènes gagna à son tour les Véiens qui se sentaient concernés d'abord par la communauté de race – les Fidénates étaient des Étrusques – et ensuite par la proximité de Rome au cas où la Ville déclarerait la guerre à tous ses voisins. Ils lancèrent contre le territoire de Rome une attaque qui tenait plus du brigandage que d'une expédition régulière : sans installer de camp, sans attendre l'armée ennemie, ils repartirent à Véies en transportant le butin qu'ils avaient volé dans les champs. Les Romains de leur côté, voyant que l'ennemi avait quitté leur territoire, franchirent le Tibre, tout équipés et décidés à livrer un combat décisif. Apprenant que les Romains avaient établi leur camp et s'apprêtaient à marcher contre leur ville, les Véiens sortirent à leur rencontre, car ils aimaient mieux régler le conflit sur le champ de bataille que se battre dans leur ville pour défendre leurs maisons et leurs remparts.

Cette fois il n'y eut pas de stratagème pour leur donner l'avantage : le roi de Rome remporta la victoire grâce à la seule bravoure d'une armée bien entraînée. Il poursuivit les ennemis en déroute jusqu'aux remparts mais renonça à lancer l'assaut contre la ville, solidement fortifiée et défendue par sa position. Sur le chemin du retour il saccagea leur territoire par désir de vengeance plus que pour le plaisir de piller. Ces ravages, s'ajoutant à la défaite, poussèrent les Véiens à se rendre. Ils envoyèrent des parlementaires à Rome demander la paix : contre l'abandon d'une partie de leur territoire à titre d'indemnité, ils obtinrent une trêve de cent ans.

Voilà pour l'essentiel ce que fit Romulus pendant son règne, tant à Rome qu'à l'extérieur : ses exploits sont en parfait accord avec l'origine divine qu'on lui prête et l'apothéose[1] à laquelle on crut après sa mort, si on songe à la détermination avec laquelle il entra

1. *Apothéose* : transformation d'un héros ou d'un empereur en dieu après sa mort.

en possession du pouvoir de son grand-père ou à la sagesse qu'il manifesta en fondant Rome et en consolidant son pouvoir par la guerre et par la paix. Oui, l'État qu'il laissait était assez fort pour vivre en paix pendant quarante ans sans interruption. Romulus avait plus de partisans dans le peuple que parmi les patriciens, mais c'étaient de loin les soldats qui l'aimaient le plus; trois cents hommes en armes, les *Celeres,* lui servaient de gardes du corps; ils l'accompagnaient à la guerre et même en temps de paix.

XVI
Mort de Romulus

56 Après ces travaux dignes de l'immortalité, un jour où il avait rassemblé son armée dans la plaine près du marais de la Chèvre[1] pour la passer en revue, un très violent orage, accompagné de coups de tonnerre, éclata soudain. Le roi fut enveloppé d'un nuage si épais que l'assemblée le perdit de vue : depuis ce jour Romulus ne reparut plus sur terre. Les hommes se remirent enfin de leur frayeur lorsque, après un cataclysme si violent, le temps redevint clair et beau. Voyant que le trône du roi demeurait vide, ils crurent les patriciens[2] qui se trouvaient à côté de lui, quand ils

1. *Le marais de la Chèvre* : situé au champ de Mars, qui s'étend en dehors du Pomoerium, et qui est un espace réservé aux exercices militaires et aux réunions du peuple en armes.
2. *Patriciens* : voir note 5, p. 41.

affirmèrent que Romulus avait été emporté par l'orage, mais n'en gardaient pas moins un douloureux silence, accablés par cette perte qu'ils ressentaient comme celle d'un père. Ensuite, à l'initiative de quelques-uns, ils rendirent un hommage unanime à Romulus, dieu[1] et fils d'un dieu, roi et père de Rome. Ils imploraient dans leurs prières sa bienveillance : puisse-t-il toujours protéger la race qui descendait de lui en étendant sur elle sa grâce et sa faveur ! Il y en eut pour prétendre tout bas dès cette époque, je crois, que les patriciens avaient massacré le roi de leur propres mains. Cette rumeur a circulé aussi, mais de façon très discrète : l'admiration qu'on avait pour le roi et la peur qu'on ressentit sur le moment répandirent l'autre version des faits.

Un homme accrédita astucieusement la thèse du miracle, à ce qu'on dit : Proculus Julius, voyant que la population était très affectée par la disparition du roi et en voulait aux patriciens, fit une déclaration devant l'assemblée qui, malgré son invraisemblance, fut, paraît-il, prise au sérieux : « Citoyens, dit-il, le père de notre ville, Romulus, est soudain descendu du ciel ce matin au lever du jour et m'est apparu. Je me tenais devant lui, saisi d'effroi et de respect, le suppliant de m'accorder la grâce de le regarder en face. Il me dit alors : "Va et dis aux Romains que la volonté des dieux est que Rome, ma ville, devienne la capitale du monde. Qu'ils cultivent les arts de la guerre, qu'ils sachent et fassent connaître aux générations à venir

1. *Dieu* : le dieu de l'abondance, Quirinus, est assimilé à Romulus.

qu'aucune force ne peut résister aux armes des Romains." À ces mots, ajouta-t-il, Romulus est remonté au ciel. » Ce qui est extraordinaire, c'est qu'on ait cru cette histoire et que la croyance à l'immortalité de Romulus ait consolé le peuple et l'armée.

Histoire parallèle

Plutarque : Vie de Romulus

PLUTARQUE

un auteur grec de l'empire romain

1. Sa vie

Plutarque naquit à Chéronée, en Béotie, au début des années 40 après Jésus-Christ, sous le règne de l'empereur Claude. Il mourut vers 126, sous le règne d'Hadrien.

Jeune homme de bonne famille, il poursuivit ses études à Athènes, fit de nombreux voyages en Grèce, en Italie et en Égypte. Il s'établit à Chéronée où il exerça des fonctions administratives, considérant comme un devoir et une fierté de servir sa cité. Citoyen d'honneur de Delphes, située à une journée de route de Chéronée, il devint l'un des deux prêtres permanents du sanctuaire d'Apollon.

Fidèle à sa cité, soucieux de préserver les intérêts de l'hellénisme, Plutarque servit Rome qui assurait à la Grèce ordre, paix et prospérité. Les honneurs impériaux ne lui firent pas défaut et ne le détournèrent ni de ses études, ni de son œuvre littéraire.

2. Son œuvre

Elle se décompose en deux parties :

Les *Vies parallèles*, où Plutarque associe par paires la biographie d'un Grec et celle d'un Romain.

Les *Œuvres morales*, qui regroupent un certain nombre de traités dont les sujets extrêmement variés – philosophie, religion, histoire, etc. – reflètent la culture encyclopédique de Plutarque et son intarissable curiosité.

3. « Vie de Romulus »

Dans les *Vies parallèles*, Plutarque opère un rapprochement entre Thésée, le fondateur légendaire d'Athènes, et Romulus, le père mythique de Rome.

Pour composer la biographie de Romulus, Plutarque a sans doute utilisé l'*Histoire* de Tite-Live dont il était un lecteur familier. Nous retrouvons dans son récit les principales étapes du texte latin :

– la naissance de Romulus et Rémus
– la reconnaissance des jumeaux
– la fondation et le peuplement de Rome
– l'enlèvement des Sabines
– La trahison de Tarpéia
– La victoire des Romains sur les Sabins
– La mort et l'apothéose de Romulus

Cependant Plutarque donne de nombreux détails qui ne figurent pas chez Tite-Live, comme par exemple la description du rituel de fondation de la Ville, les explications sur l'origine des mots « patricien », « licteur » ou l'expression de la tendresse filiale et conjugale des Sabines.

Le récit de Plutarque complète le portrait de Romulus présenté par Tite-Live. L'auteur grec insiste tout particulièrement sur l'analyse du caractère du héros romain au travers d'anecdotes illustrant ses qualités et ses défauts.

Comme Tite-Live, Plutarque fait une large place à la morale : par le spectacle de la hardiesse, du courage, de la piété de Romulus, il espère susciter chez ses lecteurs l'imitation et l'émulation.

De sa biographie se dégagent également des éléments de morale politique. Le respect, la justice avec lesquels le roi a traité les Sabines éclairent la manière dont Rome a constitué sa souveraineté par l'absorption et l'intégration des populations. Plutarque voit la source de la puissance romaine dans ce mélange des peuples qu'il approuve.

Toutefois, au sommet de sa gloire, Romulus a perverti la monarchie par son orgueil et n'a pu préserver son autorité.

Le récit vif et anecdotique de Plutarque, par sa complémentarité avec celui de Tite-Live, permet de mieux saisir la personnalité de Romulus et explique comment le père de Rome a su établir les fondements de ce qui sera plus tard l'empire romain.

PLUTARQUE

Vie de Romulus[1]

I

La succession des rois d'Albe, descendants d'Énée, était arrivée aux mains de deux frères, Numitor et Amulius. Amulius fit deux parts de leur héritage et mit, d'un côté, le trône et, de l'autre, les biens et l'or apportés de Troie : Numitor choisit le trône et Amulius, détenteur des richesses, et devenu, grâce à elles, plus puissant que Numitor, n'eut aucun mal à lui enlever le trône ; mais, craignant que la fille de son frère n'eût des enfants, il la fit prêtresse de Vesta, afin qu'elle restât sa vie durant vierge et sans époux. Les uns la nomment Ilia, d'autres Rhéa, d'autres encore Silvia. On s'aperçoit à peu de temps de là qu'elle est enceinte, contrairement à la loi établie pour les vestales. Elle n'évita l'irréparable que sur les prières qu'Antho, la fille du roi, fit à son père pour obtenir sa grâce, mais elle fut enfermée et mise au secret, pour empêcher qu'elle accouchât à l'insu d'Amulius. Elle mit au monde deux enfants, merveilleusement grands et beaux. Alors Amulius, encore

1. Le texte français, présenté ici en extraits, est celui de l'édition Garnier-Flammarion : Plutarque, *Vies parallèles*, t. 2, trad. J.-A. Pierron, revue et corrigée par F. Frazier, Paris, 1996.

plus alarmé, chargea un serviteur de les prendre et de les exposer. Il s'appelait, selon certains, Faustulus; mais pour d'autres, ce n'est pas lui qui portait ce nom, mais l'homme qui les recueillit. Ayant donc mis les nouveau-nés dans une corbeille, il descendit au fleuve pour les y jeter; mais devant la montée des eaux et l'impétuosité du courant, il eut peur d'approcher, les déposa sur la berge et se retira. Le fleuve débordant, le flot souleva la corbeille et l'éleva doucement pour la porter dans un endroit assez accueillant, qu'on appelle aujourd'hui Cermalus, et qui se nommait autrefois Germanus, apparemment parce que «germains» est un autre nom des frères chez eux.

II

Il y avait près de là un figuier sauvage, qu'on appelait Ruminal, soit à cause de Romulus – c'est l'avis le plus répandu –, soit parce que les ruminants allaient y faire la sieste à l'ombre, soit, plutôt, à cause de l'allaitement des nouveau-nés, car on appelait autrefois la mamelle *ruma* et aujourd'hui encore Rumina une déesse qui passe pour prendre soin de la nourriture des petits et à qui l'on fait des libations [1] sans vin et des sacrifices où l'on répand du lait sur les victimes. C'est là que les nouveau-nés, déposés sur le sol,

1. *Libations* : action de répandre un liquide en offrande à une divinité.

furent, dit-on, allaités par la louve et qu'un pivert venait partager avec elle le soin de les nourrir et les garder. Ces animaux passent pour être consacrés à Mars, et les Latins vouent au pivert une vénération et un culte particuliers; ce fait, plus que tout autre, vint corroborer[1] les dires de la mère, qui affirmait avoir eu ses enfants de Mars. Cependant, on dit qu'elle s'abusait en pensant ainsi : c'est Amulius qui lui aurait ravi sa virginité et lui serait apparu en armes quand il la prit de force. D'autres voient dans le nom de la nourrice et dans son équivoque[2] ce qui fit tourner l'histoire à la fable. Les Latins appelaient en effet « louves » et les femelles des loups et les femmes qui se prostituent; or telle était, selon eux, la femme du Faustulus qui éleva les enfants, une nommée Acca Larentia. Les Romains lui font des sacrifices et, au mois d'avril, le prêtre de Mars lui apporte des libations funéraires – cette fête se nomme Larentia.

[...]

III

Faustulus, porcher d'Amulius, prit les deux enfants chez lui à l'insu de tous; selon quelques-uns, plus soucieux de vraisemblance, Numitor était au courant et fournissait en secret des subsides[3] aux

1. *Corroborer* : confirmer.
2. *Équivoque* : ambiguïté.
3. *Des subsides* : des aides, des dons.

parents nourriciers. On dit que les enfants furent menés à Gabies pour y apprendre les lettres et tout ce doivent savoir les gens bien nés. Les noms de Romulus et Rémus leur vinrent, selon les historiens, du nom de la mamelle, parce qu'on les avait vus téter la mamelle de la louve.

La noblesse qui, dès leur tendre enfance, se dégageait de leur personne physique, dans leur stature comme dans leurs traits, révélait leur nature. En grandissant, ils furent tous les deux ardents, courageux, dotés, face aux dangers qui se dressaient devant eux, d'une grandeur d'âme et d'une hardiesse à toute épreuve; mais Romulus semblait plus porté à la réflexion et doué de plus d'intelligence politique, et, dans les relations qu'il avait avec ses voisins au sujet des pâturages et des chasses, il faisait bien voir qu'il avait le naturel d'un chef, bien plus que d'un subordonné. Aussi étaient-ils aimés de leurs égaux comme de leurs inférieurs; quant aux intendants, aux surveillants royaux et aux chefs des troupeaux, dont ils ne voyaient pas la valeur surpasser la leur, ils les méprisaient et ne se souciaient ni de leurs menaces ni de leurs colères. Leur genre de vie et leurs occupations étaient ceux d'hommes libres et ce qu'ils regardaient comme digne d'un homme libre, ce n'étaient pas le désœuvrement et l'indolence, c'était s'entraîner, chasser, courir, repousser les brigands, prendre les voleurs et défendre les opprimés contre les violences, ce qui leur valait un grand renom.

IV

Les bouviers de Numitor s'étant pris de querelle avec ceux d'Amulius et leur ayant enlevé des têtes de bétail, les deux frères, indignés, les taillent en pièces, les mettent en déroute et reprennent le plus gros du butin. Le courroux[1] de Numitor les laissa froids : ils s'attachèrent à rassembler et accueillir auprès d'eux nombre de pauvres et nombre d'esclaves, à qui ils insufflaient l'audace et la fierté qui mènent à la révolte. Or, Romulus était retenu ailleurs par un sacrifice (car il aimait les sacrifices et s'entendait à la divination[2]), lorsque les bergers de Numitor tombèrent sur Rémus qui cheminait avec une poignée d'hommes et engagèrent le combat. On échangea coups et blessures et l'avantage resta aux hommes de Numitor qui firent Rémus prisonnier. Ils l'amenèrent donc à Numitor et exposèrent leurs griefs[3] contre lui; celui-ci ne le châtia pas lui-même, par crainte de la colère de son frère, mais alla le trouver et lui demanda justice, comme frère et comme victime des outrages de ses serviteurs à lui, qui était le roi. Les Albains partageaient son indignation et jugeaient qu'on l'avait traité d'une manière indigne de son rang : aussi Amulius, ébranlé, livre-t-il Rémus à Numitor, avec toute latitude[4] d'en faire ce qu'il veut. Il le remmena

1. *Courroux* : colère.
2. *Divination* : art de prédire l'avenir.
3. *Griefs* : reproches.
4. *Avec toute latitude* : avec toute la liberté.

donc et, de retour chez lui, l'admiration que lui inspira l'allure du jeune homme, d'une taille et d'une force singulières, la hardiesse et la résolution qu'il voyait peintes sur son visage, et que les circonstances n'avaient ni entamées ni amoindries, les récits qu'il entendait des œuvres et actions du jeune homme, bien en accord avec ce qu'il voyait, mais surtout, semble-t-il, la présence à ses côtés d'un dieu, venu jeter les fondements de grandes choses, qui lui donna l'heureux pressentiment de la vérité, tout cela le poussa à lui demander qui il était et quelle était son origine, d'une voix douce et avec un regard bienveillant propres à lui inspirer confiance et espoir. Et l'autre de répondre hardiment : « Eh bien, je ne te célerai rien[1], car tu me parais plus digne d'être roi qu'Amulius. Tu écoutes et tu interroges avant de punir, au lieu que lui expédie les gens sans jugement. Jusqu'à présent nous nous pensions les fils de Faustulus et de Larentia, serviteurs du roi, – nous sommes des jumeaux; mais depuis qu'on nous a calomnieusement accusés devant toi et que nous avons à défendre notre vie, nous entendons dire de nous des choses surprenantes. Si elles sont dignes de foi, c'est apparemment le danger où je suis maintenant qui va l'éclaircir. Notre naissance serait mystérieuse et, nouveau-nés, nous aurions été nourris et allaités de façon plus étrange encore : les oiseaux et les fauves auxquels on nous avait jetés nous auraient nourris, une louve nous donnant la mamelle et un

1. *Je ne te célerai rien* : je ne te cacherai rien.

pivert la becquée, alors que nous étions exposés dans une auge au bord du grand fleuve. Cette auge existe, elle est conservée et porte, gravées sur son armature de bronze, des inscriptions à demi effacées, qui seront peut-être, dans l'avenir, des signes de reconnaissance inutiles pour nos parents, après que nous aurons péri. » Numitor, s'appuyant sur ce discours et évaluant les époques d'après l'âge que paraissait Rémus, ne rejeta pas l'espérance qui le flattait et chercha à se ménager une entrevue secrète avec sa fille pour en conférer avec elle – elle était en effet toujours étroitement surveillée.

V

Cependant Faustulus, informé que Rémus avait été pris et livré à Numitor, demanda à Romulus d'aller à son secours, en lui dévoilant tout le secret de sa naissance ; jusque-là, il s'en était tenu à des propos énigmatiques et ne leur avait laissé entrevoir que ce qu'il fallait qu'ils eussent à l'esprit pour éviter toute bassesse de pensée. Lui-même prit l'auge et se rendit auprès de Numitor, plein tout à la fois de hâte et de crainte, eu égard aux circonstances [1]. C'est ainsi qu'il suscita les soupçons des gardes du roi en faction [2] aux portes et sous leurs regards soupçonneux, dans le trouble que

1. *Eu égard aux circonstances* : à cause des circonstances, compte tenu des circonstances.
2. *En faction* : en sentinelle.

lui donnaient leurs questions, il ne put tenir cachée l'auge dissimulée sous son manteau. Or, il y avait, par hasard, parmi les gardes, un de ceux qui avaient reçu les enfants à abandonner et assisté à l'exposition. En voyant alors l'auge, qu'il reconnut à sa forme et à ses inscriptions, il pressentit la vérité et ne laissa pas aller les choses : il rapporta l'affaire au roi et lui amena Faustulus pour interrogatoire. Ainsi acculé[1] par la nécessité, Faustulus ne sut pas rester inébranlable, mais il ne s'effondra pas non plus totalement : il avoua que les enfants étaient vivants, mais les prétendit loin d'Albe, occupés à faire paître des troupeaux; quant à lui, il allait porter cet objet à Ilia, qui avait souvent désiré le voir et le toucher pour se fortifier dans l'espérance que ses enfants vivaient encore. Le sentiment

que ressentent d'ordinaire ceux qui sont troublés et agissent sous l'empire de la crainte ou de la colère, Amulius en fut alors la proie et il dépêcha[2] en hâte un homme, d'ailleurs honnête et ami de Numitor, avec ordre de demander à Numitor s'il avait eu vent[3] que les enfants avaient survécu. À son arrivée, l'homme trouva Numitor à deux doigts de serrer affectueusement Rémus dans ses bras : il confirma leur espérance, les pressa de s'emparer sans tarder du pouvoir et se joignit à eux pour les y aider. L'eût-on même voulu que les circonstances ne permettaient pas de tergiverser[4] :

1. *Acculé* : mis au pied du mur.
2. *Il dépêcha* : il envoya en hâte.
3. *S'il avait eu vent* : s'il avait entendu dire.
4. *Tergiverser* : hésiter.

Romulus était déjà tout près et bon nombre des citoyens couraient se joindre à lui, par haine ou par crainte d'Amulius. Et il amenait déjà avec lui des forces considérables, divisées en compagnies de cent hommes, dirigées chacune par un homme qui tenait en l'air au haut d'une pique une brassée d'herbes et de brindilles : c'est ce que les Latins appellent « manipules » et de là vient que les soldats de ces compagnies portent de nos jours encore le nom de « manipulaires ». Simultanément Rémus détachait d'Amulius les citoyens restés à l'intérieur et Romulus s'avançait du dehors, si bien que le tyran, incapable de la moindre action ou de la moindre décision salutaire, en proie au trouble et à la perplexité, se laissa prendre et mettre à mort.

[...]

VI

Amulius mort et le calme rétabli, ils ne voulurent ni demeurer à Albe sans y régner ni y régner du vivant de leur aïeul. Aussi après lui avoir rendu, à lui, le pouvoir, et à leur mère, les honneurs qui lui étaient dus, décidèrent-ils de s'établir à part et de fonder une ville sur les lieux mêmes où ils avaient été nourris à leur naissance. Tel est celui de leurs motifs qui avait la meilleure apparence; mais peut-être était-ce aussi pour eux un parti nécessaire, car, avec la troupe d'esclaves et de hors-la-loi qui s'était réunie autour d'eux, ils devaient soit voir leur puissance totalement détruite s'ils s'égaillaient[1] soit aller s'établir avec eux à l'écart. Les habitants d'Albe en effet refusaient de laisser des hors-la-loi se mêler à eux et de les admettre au nombre des citoyens, comme le prouve d'abord l'enlèvement des Sabines, coup de main qui ne fut pas inspiré par la violence, mais par la nécessité, faute de femmes acceptant de les épouser – et, de fait, ils les traitèrent avec les plus grands égards après l'enlèvement. Une seconde preuve, c'est que les premiers fondements de la ville étaient à peine posés qu'ils y bâtirent un sanctuaire[2] où puissent se réfugier les hors-la-loi et qu'ils appelèrent sanctuaire du dieu Asile. Ils y accueillaient tout le monde et ne rendaient ni l'esclave à ses maîtres, ni l'indigent à ses créanciers[3], ni le meurtrier aux magistrats, alléguant un oracle de la Pythie[4] qui garantissait à tous ce droit d'asile. Aussi Rome se peupla-t-elle promptement, elle qui, à l'origine, n'avait pas, dit-on, compté plus de mille feux[5]. Mais laissons cela pour plus tard.

À l'instant même où ils s'apprêtaient à réunir leurs bandes en une seule ville, il s'éleva entre eux un désaccord sur son emplacement. Romulus avait fondé ce qu'on appelle la Rome *quadrata*, c'est-à-dire carrée, et voulait y placer la ville, tandis que Rémus avait choisi une position solide sur l'Aventin qui prit de lui

1. *S'ils s'égaillaient* : s'ils se dispersaient.
2. *Sanctuaire* : temple.
3. *Créanciers* : personnes à qui l'on doit de l'argent.
4. *Un oracle de la Pythie* : la pythie est une jeune fille qui prédit l'avenir; ses prédictions sont des *oracles*.
5. *Mille feux* : mille foyers, familles.

le nom de Rémorium et est aujourd'hui appelé Rignarium. Ils convinrent de faire arbitrer leur querelle par les augures[1] que fourniraient les oiseaux et allèrent se poster chacun de leur côté. Il apparut, dit-on, six vautours à Rémus et le double à Romulus. Mais, selon d'autres, si Rémus vit véritablement les siens, Romulus mentit et c'est seulement à l'arrivée de Rémus que les douze vautours apparurent à Romulus. Voilà pourquoi aujourd'hui encore les Romains se servent surtout des vautours pour prendre les augures.

[...]

VII

Quand Rémus comprit la tromperie, il en fut courroucé[2], si bien que, pendant que Romulus creusait le fossé qui devait entourer les murailles, tantôt il daubait[3] son ouvrage, tantôt il le gênait. Enfin, il sauta par-dessus le fossé et, frappé, selon les uns, par Romulus en personne, selon les autres, par Céler, un de ses compagnons, il s'écroula sur place.

[...]

1. *Les augures* : prêtres qui prédisaient l'avenir ; leurs prédictions sont aussi appelées « augures ».
2. *Courroucé* : en colère.
3. *Il daubait* : il se moquait.

VIII

Romulus, après avoir enterré dans la Rémoria Rémus en même temps que ses pères nourriciers, s'occupa de bâtir la ville. Il avait fait venir d'Étrurie des hommes pour lui expliquer et lui apprendre en détail certains rites et formules, comme dans les mystères. Une fosse circulaire fut creusée vers ce qu'on appelle aujourd'hui le Comice et l'on y déposa les prémices[1] de toutes les choses dont l'usage est recommandé par la loi ou imposé par la nature. À la fin, chacun y jeta une poignée de sa terre d'origine et on mêla le tout ensemble. Et ils donnent à cette fosse le même nom qu'à l'Olympe, celui de *mundus.* Puis, de ce point pris comme centre, on traça le contour de la ville. Le fondateur met un soc d'airain à une charrue, y attelle un bœuf et une vache et avance lui-même en creusant, sur la ligne qu'on a tracée, un profond sillon, tandis que ceux qui le suivent se chargent de rejeter en dedans les mottes de terre que soulève la charrue, sans en laisser aucune en dehors. La ligne tracée marque le contour des murailles : on la nomme, par syncope[2], *pomerium*, c'est-à-dire à peu près, « derrière » ou « après » le mur. À l'endroit où l'on veut marquer une porte, on retire le soc, on soulève la charrue et on laisse un intervalle. C'est pourquoi l'on considère l'ensemble

1. *Les prémices* : premiers fruits de la terre offerts à la divinité.
2. *Par syncope* : par contraction (pomerium est la contraction de *post-* et de *murum*).

des murailles comme sacré, à l'exception des portes : si l'on tenait les portes pour sacrées, on ne pourrait, sans craindre de blesser la religion, faire entrer ni sortir les choses qui, pour être nécessaires, n'en sont pas pour autant pures.

IX

La fondation eut lieu le onzième jour avant les calendes[1] de mai : c'est là un point hors de discussion et ce jour est fêté par les Romains comme, ainsi qu'ils le nomment, jour natal de leur patrie. À l'origine, dit-on, ils n'y sacrifiaient aucun être vivant : ils croyaient que la fête consacrée à la naissance de leur patrie devait rester pure et ne pas se souiller de sang.

[...]

X

La ville fondée, il divisa d'abord tout ce qu'il y avait d'hommes en âge de porter les armes en corps militaires; chaque corps était de trois mille fantassins et trois cents cavaliers et prit le nom de *legio*, pour marquer qu'il était fait d'hommes choisis *(logadas)* entre tous pour leurs aptitudes guerrières. Puis, des autres il constitua le peuple et cette foule reçut le nom de *populus*; il désigna les cent meilleurs pour former son

1. *Calendes* : premier jour du mois.

conseil et il leur donna, à eux le nom de *patricii* et au corps entier, celui de *senatus*. Ce mot de *senatus* signifie exactement conseil des anciens; quant aux sénateurs, ils furent appelés *patricii*, soit, selon les uns, parce qu'ils étaient pères d'enfants légitimes, soit, selon d'autres, parce qu'ils pouvaient montrer leur père, chose possible pour une poignée seulement des premiers habitants de la ville, soit enfin, à cause de l'institution du patronat. Tel est le nom qu'on donnait et qu'on donne jusqu'à nos jours à la protection que les grands accordent aux petits, à cause d'un des compagnons d'Énée, Patron, qui, croit-on, veillait sur les humbles et les secourait, et qui aurait laissé son nom à cette protection. Mais la supposition la plus vraisemblable, c'est que Romulus les nomma ainsi parce qu'il estimait que les premiers et les plus puissants devaient avoir pour les humbles un soin et une sollicitude paternels et qu'en même temps il voulait apprendre aux autres à ne pas craindre les grands, ni être fâchés des honneurs dont ils jouissent, mais à n'avoir pour eux que de bons sentiments, les regardant comme leurs pères et leur en donnant le titre. Et de fait, aujourd'hui encore, les membres du Sénat sont appelés par les étrangers seigneurs et chefs, mais par les Romains eux-mêmes « Pères Conscrits », titre d'honneur par excellence, mais qui met à l'abri de l'envie celui qui le porte. À l'origine, on les appela seulement « pères », et ce n'est que plus tard, leurs rangs ayant grossi, qu'on les appela « pères conscrits ». Tel fut le nom vénérable que choisit Romulus pour distinguer la classe sénatoriale des plébéiens; il fit aussi une seconde division entre les puissants et la masse, en nommant les uns *patrones*, c'est-à-dire «protecteurs», et les autres *clientes*, c'est-à-dire «subordonnés»; en même temps il établit entre eux d'admirables rapports de bienveillance, fondés sur de grandes obligations réciproques. Les patrons expliquaient les lois à leurs clients, les défendaient au tribunal, les conseillaient et aidaient dans toutes leurs affaires; les clients, de leur côté, se dévouaient à leurs patrons : ils ne se bornaient pas à les honorer, mais, s'ils étaient pauvres, aidaient à la dot de leurs filles et payaient leurs dettes; enfin, il n'y avait ni loi ni magistrat qui pussent contraindre un patron à déposer contre son client ou un client contre son patron. Plus tard, si ces droits ont, dans l'ensemble, subsisté, on regarda comme une honte et une bassesse que les puissants reçoivent de l'argent des humbles. Mais en voilà assez sur ce point.

XI

Ce fut le quatrième mois après la fondation que, selon le récit de Fabius[1], eut lieu l'audacieux enlèvement des Sabines. Selon certains, ce furent son goût naturel pour la guerre et la conviction qu'il tirait de certains oracles que le destin réservait à Rome la plus grande puissance si elle était nourrie et élevée dans les armes qui poussèrent Romulus à ouvrir les hostilités

1. *Fabius* : il s'agit de Fabius Pictor, auteur d'une *Histoire de Rome* en grec et en latin.

contre les Sabins; de fait, disent-ils, il ne prit qu'un petit nombre de jeunes filles, trente seulement, parce qu'à l'évidence il avait plus besoin de guerre que de mariages. Mais cette version n'est pas vraisemblable : c'est parce qu'il voyait sa ville tout d'abord remplie d'étrangers dont très peu avaient des femmes et dont la majorité n'était qu'un magma[1] de gens nécessiteux et obscurs en butte au mépris et peu aptes, semblait-il, à former un corps stable et durable, parce qu'aussi il espérait que, d'une certaine manière, cet attentat jetterait les bases d'une fusion et de l'établissement d'une communauté avec les Sabins, une fois qu'ils auraient apprivoisé leurs femmes, qu'il se lança dans cette entreprise, de la manière que voici. Il fit d'abord répandre le bruit qu'il avait découvert l'autel d'un dieu caché sous

terre. Le nom de ce dieu était *Consus*, ce qui désigne soit un dieu conseiller (aujourd'hui encore en effet ils appellent *consilium* l'assemblée délibérante et leurs premiers magistrats *consules*, c'est-à-dire conseillers), soit un Neptune équestre. De fait, l'autel se trouve au Circus Maximus et reste toujours à l'abri des regards, sauf pendant les courses hippiques où on le découvre. Mais pour d'autres, le secret dont on enveloppe les délibérations, à l'écart des regards, explique de façon logique que l'autel du dieu ait été caché sous terre. Quand il eut été mis au jour, Romulus fit publier qu'il y ferait un sacrifice solennel, suivi de jeux et de spectacles. On y vint en foule et lui-même siégeait au premier rang avec les principaux citoyens, vêtu d'un manteau de pourpre. On

1. *Magma* : mélange confus.

avait fixé comme signal de l'attaque qu'il se lèverait et écarterait les plis de son manteau avant de s'en envelopper de nouveau. Beaucoup donc, armés de leur épée, fixaient les yeux sur lui et, le signal donné, tirèrent leurs épées, s'élancèrent en jetant de grands cris et enlevèrent les filles des Sabins, laissant ceux-ci s'enfuir sans les poursuivre. Les femmes enlevées n'étaient, selon certains, que trente et c'est elles qui donnèrent leurs noms aux curies[1] ; mais, selon Valerius Antias[2], il y en eut cinq cent vingt-sept et, selon Juba[3], six cent quatre-vingt-trois, toutes jeunes filles, ce qui était un élément à décharge de poids pour Romulus. On ne prit en effet aucune femme mariée, à l'exception de la seule Hersilia, mais ce fut par mégarde : preuve que ce n'est pas dans un esprit de violence et d'injustice qu'ils se portèrent à cet enlèvement mais parce qu'ils méditaient de mélanger et unir les deux peuples en un seul par les liens les plus étroits. Hersilia, selon certains, fut mariée à Hostilius, un Romain des plus en vue, et, selon d'autres, à Romulus en personne, qui eut d'elle deux enfants, une fille, Prima, qui reçut son nom à cause du rang de sa naissance, et un seul fils, auquel il donna le nom d'Aollius, en mémoire du rassemblement des citoyens fait sous son égide[4], et qu'on nomma ensuite Avillius.

[...]

---

1. *Curies* : Romulus a partagé son peuple en trois tribus, divisées chacune en dix curies.
2. *Valerius Antias* : auteur d'une *Histoire de Rome.*
3. *Juba* : roi de Mauritanie, historien romain de langue grecque.
4. *Sous son égide* : sous sa protection.

XII

Les Sabins étaient nombreux et belliqueux[1]; ils habitaient des bourgs sans murailles, car, à leurs yeux, il convenait d'être fiers et d'ignorer la crainte quand on était, comme eux, colons lacédémoniens[2]. Néanmoins, se voyant liés par de précieux otages et craignant pour leurs filles, ils envoyèrent des députés faire des propositions équitables et modérées : que Romulus leur rendît leurs filles, mît fin à cet acte de violence et recourût ensuite à la persuasion et aux voies légales pour réaliser entre les deux peuples amitié et alliance. Romulus refusa de rendre les filles et exhorta les Sabins à accepter l'union avec Rome. Les autres en étaient encore à délibérer et à se préparer, quand Acron, roi des Céninètes, homme d'un caractère bouillant et capitaine habile, qui avait suspecté Romulus dès ses premières audaces et qui, avec l'affaire des femmes, voyait désormais en lui un voisin redoutable pour tous, et qu'on ne pourrait plus réduire si on ne le châtiait pas, déclencha la guerre et marcha contre lui avec des troupes nombreuses : Romulus fit de même. Quand ils furent en présence et se furent mesurés des yeux, ils se défièrent à un combat qu'ils mèneraient seuls pendant que leurs armées resteraient immobiles sous les

1. *Belliqueux* : d'un tempérament guerrier.
2. *Colons lacédémoniens* : les Sabins se disaient descendants des Spartiates (Grecs du Péloponnèse) dont la ville n'avait pas de murailles.

armes. Romulus fit vœu, s'il l'emportait et l'abattait, de porter et consacrer à Jupiter les armes[1] de son adversaire. Il l'abat en effet, l'emporte et, le combat engagé, met son armée en déroute et prend la ville. Il ne fit toutefois d'autre mal à ceux qu'il y trouva que de les obliger à détruire leurs maisons et à le suivre à Rome afin d'y devenir citoyens à part entière. Il n'y a rien qui ait plus contribué à l'accroissement de Rome que cette incorporation incessante des peuples vaincus.

[…]

XIII

Indignés de ces affronts, les autres Sabins nommèrent Tatius général et se mirent en marche contre Rome. Mais la ville était difficile d'accès, protégée qu'elle était par ce qui est aujourd'hui le Capitole, où se tenait une garnison dont le commandant était Tarpéius, et non la jeune Tarpéia, comme le disent certains, qui prêtent ainsi à Romulus bien de la naïveté. Ce qui est vrai, c'est que cette Tarpéia, la fille de Tarpéius, livra la place aux Sabins, parce qu'elle convoitait les bracelets d'or qu'elle avait vus à leurs poignets : aussi demanda-t-elle, pour prix de sa trahison, ce qu'ils portaient au bras gauche. L'accord fait avec Tatius, elle ouvrit, pendant la nuit, une

1. *Consacrer à Jupiter les armes de son adversaire* : rendre sacrées les armes en les dédiant à Jupiter.

des portes et fit entrer les Sabins. [...] Tatius (...) ordonna aux Sabins d'honorer leurs engagements et de ne rien lui refuser de ce qu'ils portaient au bras gauche. Et, le premier, il détacha son bracelet et le lui lança avec son bouclier. Tous l'imitèrent, si bien que, frappée par l'or et ensevelie sous les boucliers, elle mourut écrasée sous le nombre et le poids des projectiles.

[...]

XIV

Tarpéia fut enterrée à l'endroit qui porta le nom de colline tarpéienne jusqu'au jour où Tarquin l'Ancien[1] le consacra à Jupiter; on transféra alors ailleurs les restes de Tarpéia et son nom fut oublié, à ceci près qu'on appelle aujourd'hui encore tarpéienne la roche sur le Capitole d'où l'on précipitait les criminels.

La prise de la citadelle par les Sabins provoqua la colère de Romulus, qui les défia au combat, et inspira de l'assurance à Tatius, qui voyait à sa disposition une solide retraite au cas où ils lâcheraient pied. De fait l'espace qui les séparait et où ils devaient se rencontrer était resserré entre plusieurs collines, si bien que le combat s'annonçait âpre et difficile pour les deux partis, à cause des difficultés du terrain, qui ne laissait

1. *Tarquin l'Ancien* : roi étrusque qui régna sur Rome de 616 à 578 av. J.-C.

que peu d'espace pour fuir ou pour poursuivre. Il se trouva en outre que le fleuve était sorti de son lit quelques jours auparavant et qu'il avait laissé un bourbier profond, mais peu apparent, dans la plaine où est aujourd'hui le Forum ; ainsi il n'était facile ni à voir ni à éviter et, de surcroît, dissimulait son danger sous une apparence trompeuse. Les Sabins, dans l'ignorance, se portaient vers cette fondrière[1], quand un heureux hasard les préserva. Curtius, un homme en vue, fier de sa renommée et de son courage, s'avança à cheval loin devant les autres : son cheval s'enfonça dans le bourbier et, après avoir d'abord essayé, du fouet et de la voix, de l'en faire sortir, voyant ses efforts inutiles, il laissa son cheval et se sauva. L'endroit s'appelle encore aujourd'hui, de son nom, lac Curtius. Ayant donc évité ce danger, les Sabins engagèrent un combat vigoureux et longtemps indécis malgré la mort de nombreux combattants, dont Hostilius. Il fut, dit-on, le mari d'Hersilia et le grand-père d'Hostilius qui régna après Numa[2]. Il y eut dans la suite, vraisemblablement, nombre d'engagements en peu de temps, mais le dernier est mémorable entre tous : Romulus y fut blessé à la tête d'un coup de pierre, à deux doigts de tomber et dut renoncer à résister ; les Romains alors cédèrent aux Sabins et, refoulés de la plaine, s'enfuirent vers le Palatin. Mais déjà Romulus se remettait de sa blessure et voulait courir en armes au-devant des fuyards, les exhortant à

1. *Fondrière* : trou rempli d'eau ou de boue.
2. *Numa* : successeur de Romulus.

grands cris à tenir bon et à combattre. Mais devant les flots de fuyards qui se répandaient autour de lui sans que personne osât faire volte-face, il leva les mains vers le ciel et pria Jupiter d'arrêter son armée et ne pas laisser la puissance romaine s'effondrer, mais de la redresser. La prière achevée, voilà qu'un grand nombre de fuyards furent pris de honte face à leur roi et, par un changement soudain, le courage leur revint. Ils s'arrêtèrent d'abord à l'endroit où s'élève aujourd'hui le temple de Jupiter Stator, c'est-à-dire « qui arrête » ; puis, s'étant regroupés en rangs serrés, ils repoussèrent les Sabins jusqu'à l'actuelle Regia[1] et au sanctuaire de Vesta.

XV

C'est là que, au moment où ils s'apprêtaient à reprendre le combat comme au début, ils furent arrêtés par un spectacle stupéfiant, une vision au-delà de toute expression. On vit les filles enlevées des Sabins accourir de tous côtés en criant et hurlant, se frayant à travers les armes et les morts, telles des possédées, un chemin vers leurs époux et leurs pères, les unes avec leurs enfants dans les bras, les autres, les cheveux épars leur retombant sur le visage, et toutes appelant des noms les plus tendres, tantôt les Sabins, tantôt les Romains. Alors l'émotion s'empara des deux partis et ils s'écartèrent pour les laisser s'installer au milieu de

1. *Regia* : ancien palais de Numa sur la voie sacrée.

leurs rangs et leurs gémissements perçaient tous les rangs, tandis que gagnait la pitié qu'inspiraient leur aspect et, plus encore, leurs propos, qui, entamés par de justes et libres revendications, finirent en prières et en supplications : «Qu'avons-nous fait de si terrible, de si fâcheux pour avoir déjà souffert et souffrir encore ces maux affreux? Nous avons été ravies de force et contre toute loi par ceux qui nous possèdent aujourd'hui, mais ce rapt n'a rencontré que négligence de la part de nos frères, nos pères, nos parents, jusqu'au jour où le temps, en nous unissant par les liens les plus forts aux objets de notre haine, a fini par nous faire trembler lorsque combattent ceux qui ont ainsi usé de la force et méprisé les lois et pleurer lorsqu'ils meurent. Vous n'êtes pas venus nous venger de nos oppresseurs quand nous étions encore vierges et vous venez aujourd'hui arracher des femmes à leurs maris et des mères à leurs enfants : secours plus déplorable que votre négligence et votre abandon pour les infortunées que nous sommes! Voilà comment ils nous ont aimées! Voilà comment vous avez pitié de nous! Même si vous combattiez pour d'autres motifs, il vous faudrait cesser pour nous, maintenant que vous êtes devenus leurs beaux-pères, leurs grands-pères, que la parenté vous unit. Mais si vous combattez pour nous, emmenez-nous avec vos gendres et vos petits-enfants et rendez-nous nos pères et nos proches, sans nous enlever nos fils et nos maris. Nous vous en supplions, épargnez-nous d'être une seconde fois capturées.» Hersilia parla d'abondance en ce sens et les autres l'appuyèrent de leurs prières, si bien qu'elles finirent par obtenir une suspension d'armes[1] et l'ouverture de négociations entre les généraux. Les femmes, pendant ce temps, présentaient leurs maris et leurs enfants à leurs pères et leurs frères, apportaient à manger et à boire à ceux qui en avaient besoin et soignaient les blessés qu'elles faisaient transporter chez elles; et elles faisaient voir qu'elles étaient maîtresses dans leurs maisons, que leurs maris étaient pleins d'attentions pour elles et les traitaient avec toute sorte d'affection et de respect. Sur quoi l'on conclut que les femmes qui le voudraient resteraient avec leurs maris, exemptées, comme je l'ai dit, de toute forme de travail et de service en dehors du filage de la laine; que Romains et Sabins habiteraient la ville en commun et qu'elle serait appelée Rome du nom de Romulus, tandis que l'ensemble des Romains porterait le nom de Quirites, du nom de la patrie de Tatius; enfin, qu'ils régneraient ensemble et partageraient le commandement des armées. Le lieu où fut conclu le traité s'appelle encore aujourd'hui Comice, car les Romains emploient *comire* pour dire « s'assembler ».

[...]

XVI

Ce fut là la dernière guerre menée par Romulus. Dès lors, ce que beaucoup, ou plutôt, à quelques rares exceptions, ce que tous éprouvent lorsqu'ils ont été

1. *Une suspension d'armes* : l'arrêt des combats.

portés par des faveurs de la fortune aussi grandes qu'inattendues au faîte[1] de la puissance et du faste, il ne sut lui non plus y échapper : enhardi par la prospérité et montrant désormais un orgueil plus pesant, il cessa d'être près du peuple et prit les manières odieuses d'un monarque, dont le faste[2], d'abord, était choquant : il était vêtu d'une tunique de pourpre et portait une toge également bordée de pourpre; il donnait ses audiences sur un trône à dossier incliné; il avait autour de lui les jeunes gens qu'on appelait *celeres*[3] à cause de leur promptitude à le servir. D'autres marchaient devant lui, écartant la foule avec des bâtons et ceints de courroies qui leur permettaient de ligoter incontinent[4] ceux qu'il leur ordonnait d'arrêter. Lier se disait autrefois en latin *ligare*, et aujourd'hui *alligare*; de là vient le nom de *lictor* donné à ces porteurs de baguettes et de *bacilla* donné à ces baguettes, car ils se servaient alors de bâtons. Mais il est vraisemblable qu'on dit aujourd'hui *lictor* par suite de l'adjonction d'un *c*, et que le nom originel était *litor*, en grec *liturges*; les Grecs en effet désignent aujourd'hui encore par *lèiton* le service public et par *laos* le peuple.

1. *Au faîte* : au sommet.
2. *Le faste* : le luxe, l'apparat.
1. *Celeres* : *celer* signifie « rapide » en latin.
2. *Incontinent* : tout de suite.

XVII

À la mort de Numitor, son aïeul, alors que le trône lui revenait, il laissa le gouvernement au peuple afin de lui complaire et se contenta de nommer chaque année un magistrat à Albe : c'était éveiller chez les puissants de Rome le désir d'un régime sans roi, se gouvernant lui-même, où chacun tour à tour commandait et était commandé. Car même ceux qu'on appelait patriciens n'avaient aucune part aux affaires : il ne leur restait qu'un titre et une position honorifiques et ils se réunissaient au sénat davantage pour suivre la coutume que donner leur avis. Là, ils écoutaient en silence les ordres du roi et l'unique avantage qu'ils eussent sur la foule, c'était d'avoir été les premiers informés de ses décisions quand ils se retiraient.

Mais tout cela n'était encore rien : voilà que Romulus, de sa propre autorité, distribua aux soldats les terres conquises et rendit aux Véiens[1] leurs otages, sans leur accord et contre leur volonté, ce qui prit des allures de véritable camouflet[2] pour le Sénat. Aussi ne manqua-t-on point de les soupçonner et de les accuser lorsqu'il disparut inexplicablement à peu de temps de là. Cette disparition eut lieu aux nones[3] de juillet, comme on dit aujourd'hui, de quintilis, comme on disait alors, et c'est bien là le seul point sûr sur lequel

1. *Véiens* : habitants de Véies, ville d'Étrurie ennemie de Rome.
2. *Camouflet* : offense, affront.
3. *Nones* : du 2e au 7e jours des mois de mars, mai, juillet et octobre.

on s'accorde pour cette mort : la date que je viens d'indiquer. Il s'y pratique aujourd'hui encore plusieurs cérémonies qui rappellent cet événement. Au reste, il ne faut pas s'étonner de cette incertitude, quand on songe que pour Scipion l'Africain[1], qui est mort chez lui après dîner, on n'a jamais eu de certitude irréfutable sur ce que fut cette mort : pour les uns, ce fut une mort naturelle, liée à son tempérament maladif, pour d'autres un suicide par empoisonnement, pour d'autres enfin, il fut étranglé par ses ennemis qui s'étaient introduits nuitamment chez lui. Et pourtant la dépouille de Scipion fut exposée à la vue de tous et leurs regards pouvaient y chercher des traces et des indices de ce qui s'était passé. Romulus, lui, disparut tout à coup, sans qu'il restât un morceau de son corps ou un lambeau de ses vêtements. Les uns ont conjecturé que les sénateurs s'étaient jetés sur lui dans le temple de Vulcain[2] et l'avaient mis à mort; qu'ils avaient dépecé le corps et que chacun en avait emporté une partie cachée dans les plis de sa robe. D'autres pensent que ce n'est ni dans le temple de Vulcain ni en présence des seuls sénateurs que la disparition eut lieu, mais que Romulus tenait par hasard ce jour-là une assemblée en dehors de la ville au lieu-dit le marais de la Chèvre, quand tout à coup des phénomènes extraordinaires et indescriptibles se produisirent dans l'air, y provoquant d'incroyables

1. *Scipion l'Africain* : général romain qui vainquit le Carthaginois Hannibal au cours de la bataille de Zama en 202 av. J.-C.
2. *Vulcain* : dieu du feu.

changements : la lumière du soleil s'éclipsa et la nuit se répandit, non point calme et paisible, mais pleine de coups de tonnerre terribles et de vents impétueux soufflant de tous côtés; alors le gros de la foule s'égailla et s'enfuit, mais les puissants firent bloc. La tempête finie et la lumière revenue, la foule, revenue sur place, chercha et réclama le roi, mais les puissants ne la laissèrent pas enquêter ni s'en mêler : ils donnèrent ordre à tous d'honorer et vénérer Romulus, qui, à les entendre, avait été ravi parmi les dieux et allait devenir pour eux un dieu protecteur après avoir été un bon roi. La plupart les crurent et se retirèrent joyeux et pleins d'espérances en adorant le nouveau dieu; mais il y en eut qui, avec un acharnement teinté d'animosité, voulurent aller au fond des choses et ne laissèrent pas d'inquiéter les patriciens, les accusant de faire accroire des sornettes au peuple et d'être eux-mêmes les meurtriers du roi.

XVIII

C'est dans ces circonstances, dit-on, qu'un patricien, un des premiers par la naissance et des plus estimés par son caractère, de surcroît fidèle compagnon de Romulus lui-même, un de ceux qui étaient venus d'Albe, Julius Proculus, s'avança au milieu du forum et, la main sur les objets les plus sacrés, proclama à la face de tous, sous la foi du serment, que, chemin faisant, il avait vu Romulus lui apparaître, plus beau et plus grand qu'il l'avait jamais été, paré d'armes étin-

Romulus emporté au ciel par le dieu Mars.

celantes comme des flammes. Frappé à cette vue, il s'était écrié : « Roi, que t'est-il arrivé ? Pourquoi nous as-tu laissés, nous en butte à ces accusations injustes et méchantes, et la ville tout entière orpheline, abîmée dans le deuil ? » Et Romulus lui avait répondu : « Les Dieux ont voulu, Proculus, que nous passions tant de tant de temps parmi les hommes, puis qu'après avoir fondé une ville appelée au plus grand empire et à la plus grande gloire, nous retournions au ciel dont nous sommes venus. Adieu donc ! va dire aux Romains que s'ils cultivent la tempérance[1] en même temps que le courage, ils atteindront au faîte[2] de la puissance humaine. Pour moi, je serai votre dieu tutélaire[3], sous le nom de Quirinus. » Ce récit parut digne de foi aux Romains, à cause du caractère de son auteur et du serment qu'il avait prêté. Tous d'ailleurs se sentirent saisis d'une émotion surnaturelle qui avait quelque chose d'une inspiration divine : personne n'éleva de contradiction et, renonçant aux soupçons et aux accusations, ils prièrent Quirinus et l'invoquèrent comme un dieu.

[...]

Romulus avait atteint cinquante-quatre ans et était dans la trente-huitième année de son règne quand il disparut d'entre les hommes.

1. *Tempérance* : modération dans tous les plaisir.
2. *Au faîte* : voir note 1, p. 89.
3. *Dieu tutélaire* : dieu protecteur.

À vous de jouer

Es-tu un lecteur attentif ?

Qui sont-ils ?

Remplace chaque lettre par le personnage qui lui correspond.

A a été chassé de sa patrie ; il débarque dans le territoire des Laurentes pour fonder une nouvelle cité. B et C sont jetés dans les eaux du Tibre, mais ils sont sauvés par D, qui les confie à sa femme E pour les élever. Le roi F qui a été écarté du pouvoir par son frère G reconnaît B et C comme ses petits-fils. Sous le coup de la colère B tue son frère C, et règne seul dans la ville qui porte son nom.

A : .... B : .... C : .... D : .... E : ....
F : .... G : ....

Le destin héroïque de Romulus

Grâce à ses mérites, Romulus a obtenu l'immortalité. Reconstruis son destin héroïque en replaçant dans le bon ordre les différents épisodes de sa vie.

1 Après avoir rendu le trône d'Albe à leur grand-père, Romulus et Rémus décident de fonder une nouvelle ville.
2 La ville de Rome, privée de femmes, n'est pas viable, mais les cités voisines refusent toute alliance avec elle.
3 Malgré l'arbitrage des dieux, Rémus provoque Romulus, qui le tue pour préserver sa souveraineté.
4 Pour savoir qui doit gouverner cette nouvelle ville, les jumeaux s'en remettent aux dieux et prennent les auspices.
5 Les Sabins sont d'abord victorieux et occupent la citadelle du Capitole par corruption.
6 Au cours des jeux, Romulus fait enlever les Sabines.
7 Toutefois Romulus obtient de Jupiter qu'il retourne l'issue de la bataille sur le forum.

8 Les Sabines s'interposent entre les combattants pour arrêter leur colère.

9 La guerre éclate.

10 La paix se conclut et les rois romain et sabin organisent la fusion de leurs peuples.

Es-tu un lecteur confirmé ?

Relis l'épisode de la déroute des Romains face aux Sabins et tente de repérer les deux types d'énoncés.

1. Situe les passages du texte où apparaît un lien entre le moment où se déroulent les événements et le moment où se déroule le texte. Quels signes de ponctuation signalent ces passages ?
2. Relève les passages où nous avons l'impression que les événements n'ont pas de lien avec le moment où le texte est écrit.

3. Quelles sont les différences de temps verbaux entre ces deux types de passages ?
4. Analysons les paroles rapportées :

- Qui est le locuteur ?(le mot vient du latin LOQUOR et signifie : « je parle »)
- Qui sont ses interlocuteurs ?
- Quel est le contenu des messages (du latin MISSUM : « ce qui est transmis ») et quelles sont les intentions du locuteur ? Cherche-t-il à 1) informer, 2) faire agir, 3) convaincre, 4) distraire, 5) émouvoir ?
- Quels mots renvoient à la situation de communication ?
- Relève les pronoms personnels, les indicateurs de lieu.

Connais-tu Romulus ?

Une généalogie prestigieuse

Complète l'arbre suivant.

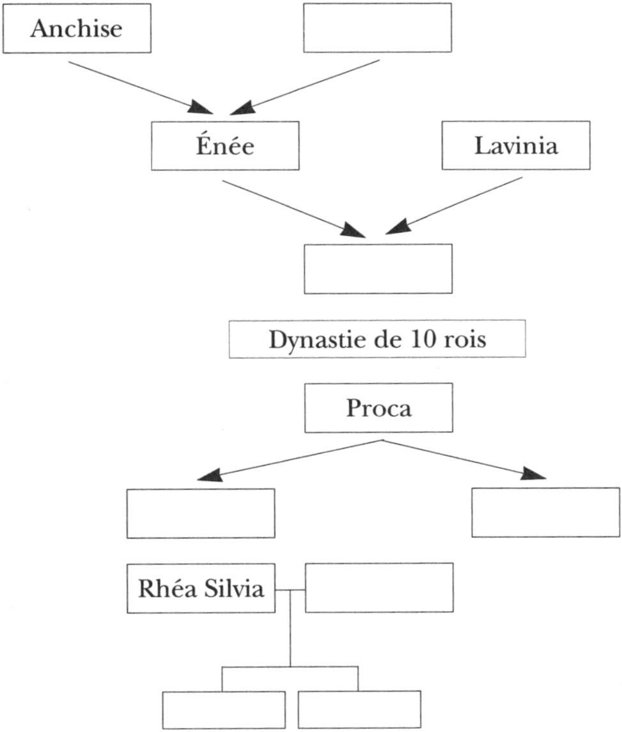

Ami ou ennemi ?

Un héros a besoin de soutien pour vaincre ses ennemis et surmonter ses épreuves. Aide Romulus à s'y retrouver en classant dans ces ensembles ses adjuvants et ses opposants. Place au centre ceux qui changent de statut au cours du récit.

Amulius – Numitor – Faustulus – les bergers – les brigands –Rémus – Tarpéia – les Sabins – les Sabines – les dieux – Larentia

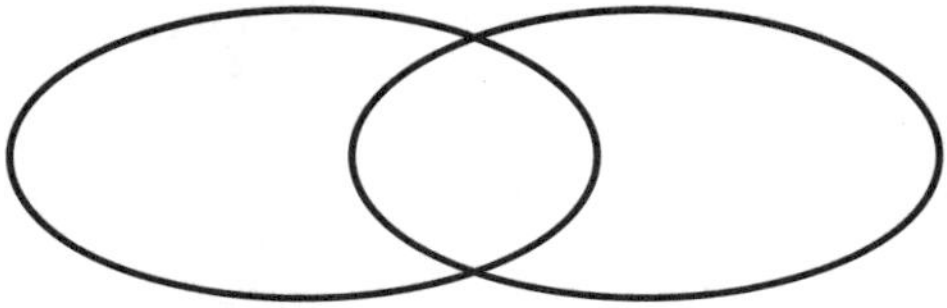

La grille magique

Chacun des termes que tu vas découvrir renvoie à un rôle ou à une qualité de Romulus.

HORIZONTAL

- A instaure des lois
- C respectueux à l'égard des dieux
- D agit malgré le danger
- F éprouve un grand désir de gloire et de pouvoir

VERTICAL

- 2 père de la ville
- 4 homme de guerre
- 7 opiniâtre
- 12 chef d'État monarchique
- 13 fils d'un dieu et d'une mortelle

	1	2	3	4	5	6	7	8	9	10	11	12	13	14	15
A															
B															
C															
D															
E															
F															
G															
H															
I															
J															
K															

Mène ton enquête

La vie privée des Romains à l'époque de Romulus

En relisant le texte de Tite-Live, tente de répondre à ces questions.

1. Les occupations des Romains

A Que font Romulus et Rémus quand, encore adolescents, ils vivent auprès de Faustulus ?

B Quelle est l'activité principale des Romains ?

C Quelles sont les distractions des Romains et de leurs voisins ?

D Les Romains, par leur travail acharné, ont fait de Rome une ville prospère. Relève le vocabulaire exprimant l'expansion et la richesse de leur cité.

2. La condition féminine à Rome

A Cherche ce qui dans l'épisode de la trahison de Tarpéia prouve une certaine misogynie.

B Pourquoi les guerriers romains imposent-ils aux Sabines un mariage par rapt ?

C Quel est le rôle de la femme dans la société romaine ?

D La femme est-elle considérée comme l'égale de l'homme ?

E Que révèle le silence des Romains face aux pleurs et aux propos des mères de famille sabines ?

Qui suis-je ?

Retrouve le nom des divinités citées dans le texte de Tite-Live.

1 Je suis la déesse du foyer. **Je suis** ....

2 J'incarne la force guerrière. **Je suis** ....

3 Je suis un dieu sauvage, moitié homme, moitié bouc ; des hommes-loups sont mes compagnons. **Je suis** ....

4 Je représente la toute-puissance, je suis le dieu du ciel et du tonnerre. **Je suis** ....

Du mythe à l'histoire

Une relation privilégiée

Entre Romulus et Jupiter se crée une véritable alliance. Relève dans le texte les prestations réciproques échangées entre le dieu et le héros.

1 Quel signe divin donne à l'investiture de Romulus un caractère sacré ?
2 Après la victoire romaine contre les habitants de Caenina, quelles promesses Romulus fait-il à Jupiter ?
3 Au moment de la déroute des Romains devant les Sabins qui ont pris la citadelle, quels sont les termes du contrat qu'établit Romulus avec Jupiter ?
4 Dans le récit de la disparition de Romulus, note le champ lexical de la tempête. Qui a conféré à Romulus son immortalité ?

Le point de vue de l'historien

L'historien Tite-Live prend ses distances par rapport au récit des origines de Rome. Retrouve dans son texte les expressions qui prouvent sa prudence dans la narration de :

1 l'ascendance divine de Romulus et Rémus.
2 le miracle de la louve sauvant les jumeaux.
3 le miracle de l'apothéose de Romulus.

Légende ou réalité ?

Parmi les énoncés suivants, distingue ceux qui relèvent de la légende ou de l'histoire des origines de Rome.

	récit légendaire	événement véritable
1 Romulus et Rémus sont les fils du dieu Mars et de Rhéa Silvia.	❐	❐
2 Les jumeaux ont pris les auspices pour savoir qui régnerait.	❐	❐

3 Les Étrusques ont transmis aux Romains la technique de la divination des augures, prêtres chargés d'interpréter le vol des oiseaux. ❐ ❐

4 Le rituel de fondation d'une ville est d'origine étrusque. ❐ ❐

5 Des traces de cabanes de bergers ont été relevées sur le Palatin. Elles remonteraient au VIIIe siècle av. J.-C. ❐ ❐

6 Le rapt des Sabines a eu pour conséquence l'union entre Sabins et Romains. ❐ ❐

7 Les Étrusques, qui sont de grands urbanistes, ont fait des humbles villages disséminés sur les collines romaines une ville au sens précis du mot. ❐ ❐

8 Romulus a disparu au cours d'un orage. ❐ ❐

Ab Urbe condita

Les années sont désignées à Rome «ab Urbe condita» (à partir de la fondation de la Ville) abrégé en aUc, c'est-à-dire 753 av.-J.-C.

Calcule en quelle année aUc nous sommes.

Un air de famille

La ronde des préfixes

Le français a emprunté au latin une multitude de préfixes et de suffixes. Regarde le schéma suivant construit autour du verbe latin MITTO (j'envoie), participe passé : missus.

1. Dégage l'élément placé en tête de chacun des verbes. Cet élément s'appelle le **préfixe.**

2. Après avoir défini le sens de chacun de ces préfixes et de ces verbes, rédige un petit texte en utilisant le maximum de dérivés du verbe **mettre**.

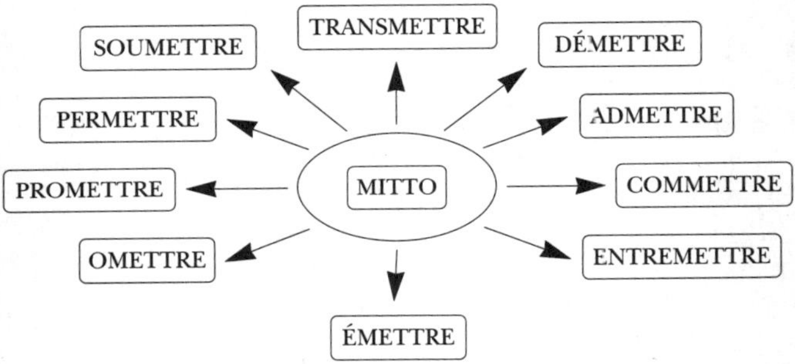

À toi de jouer

En utilisant des préfixes variés, renouvelle le sens des verbes ci-dessous :

1 faire
2 porter
3 venir

Repère l'intrus

Attention, certains mots paraissent comporter un préfixe, mais n'en ont pas. L'élément qui ressemble au préfixe appartient en fait au radical. Parmi ces termes, cherche l'intrus.

1 Préfixe SUPER < au-dessus de >
A superlatif
B superbe
C supermarché
D supersonique

2 Préfixe E-EX < hors de >
A écouter
B émigrer

C expproprier
D extirper

3 Préfixe PRE <avant>
A préfabriqué
B prénatal
C précieux
D préambule

Variations phonétiques

Il arrive qu'au contact du radical, le préfixe se transforme. **IN** (< à l'intérieur > ou < qui n'est pas >) peut devenir **IL** – **IR** – **IM.**

Complète ce tableau en donnant l'antonyme de chacun des adjectifs suivants :

1 docile ————> Indocile
2 juste ————> __ juste
3 logique ————> __ logique
4 responsable ————> __ responsable
5 légal ————> __ légal
6 salubre ————> __ salubre
7 précis ————> __ précis
8 mobile ————> __ mobile
9 mangeable ————> __ mangeable
10 mérité ————> __ mérité

L'autre bout des mots

Voici une liste de quelques suffixes français d'origine latine :

I. Suffixes de noms :
A -tion (du latin -TIO)
B -age (du latin -ATICUM)
C -trice (du latin -TRIX)
D -eur (du latin -ATOR)
E -ateur (du latin -ATOR)

Fabrique des noms à partir des verbes suivants, en choisissant le suffixe qui convient :

admirer – assembler – éduquer – fonder –
pécher – programmer

2. Suffixes d'adjectifs

A -able (du latin -ABILIS)
B -al (du latin -ALIS)
C -el (du latin -ELIS)
D -aire (du latin -ARIS)
E -escent (du latin -ESCENS)
F -ien (du latin -IANUS)

Fabrique des adjectifs à partir des noms suivants :

informatique – lumière – lune – main –
nation – phosphore

Retour aux sources

Romulus, en tant que roi, a tracé les limites de la cité et a défini par des lois ce qui était juste et conforme à la règle. Le mot « roi » vient du terme latin **rex, regis** issu du verbe **regere** < mener droit>. Voici 5 mots dérivés du mot latin rex, regis. Explique leur sens par rapport à l'étymologie.

régime – régiment – règlement – règne – régulier

À la guerre comme à la guerre

1. Voici une liste de mots latins appartenant au champ lexical de la guerre. À quels termes français ont-ils donné naissance ?

1 EQUES < le cavalier >
2 FUGIO < je fuis >
3 PUGNO < je me bats >
4 SALVO < je sauve >
5 EXERCITUS < l'armée >
6 IMPETUS < l'assaut >
7 PEDES < le fantassin >

2. Trouve le terme qui correspond aux définitions suivantes, en utilisant l'élément **-CIDE** < qui tue >.
1 action de tuer son frère
2 action de tuer le roi
3 action de tuer un homme
4 action de tuer des insectes
5 action de se tuer soi-même

3. Trouve le terme qui correspond aux définitions suivantes, en utilisant le radical du mot latin **BEL**Lum < la guerre >.
1 partisan de la guerre
2 prompt à faire la guerre
3 qui se soulève
4 soulèvement

Parlons latin

Romulus et Rémus ont pris les **auspices** pour savoir lequel des deux régnerait.
Le mot **auspice** vient de deux mots latins : **AVIS** (oiseau) et **SPECERE** (observer).
1. Quels sont les mots français issus du radical latin **AVI-** ?
2. Que signifient les expressions :
   - Entreprendre une action sous les auspices de quelqu'un.
   - Cette affaire s'engage sous les meilleurs auspices.

Deviens un latiniste

L'exposition de Romulus et Rémus

Prononciation latine

À l'usage de ses élèves, l'abbé Lhomond publia en 1779 un ouvrage rédigé en latin et intitulé *De viris illustribus urbis Romae (Au sujet des hommes illustres de la ville de Rome*), qui se présente comme un abrégé de l'histoire romaine.
Lis le premier paragraphe à haute voix en respectant les indications données dans le tableau.

lettres latines	**prononciation**
E	é
U	ou
C	k
G	gu-
J	i
S	ss
V	ou

N. B. : En latin toutes les lettres se prononcent. Ex : <Qui> se lira **koui** et <Vestae> se lira **ouésstaé**.

Proca, rex Albanorum, duos filios, Numitorem et Amulium, habuit. Numitori, qui natu mojor erat, regnum reliquit; sed Amulius, pulso fratre, regnavit, et ut eum subole privaret, Rheam Sylviam ejus filiam Vestae sacerdotem fecit, quae tamen Romulum et Remum uno partu edidit. Quo cognito, Amulius ipsam in vincula conjecit, parvulos alveo impositos abjecit in Tiberim, qui tunc forte super ripas erat effusus; sed, relabente flumine, eos aqua in sicco reliquit. Vastae tum in iis locis solitudines erant. Lupa, ut fama traditum est, ad vagitum accurrit, infantes lingua lambit, ubera eorum ori admovit, matremque se gessit.

1. Relève dans le texte latin les noms propres que tu connais.
2. Ce texte est un récit. Quel temps t'attends-tu à rencontrer?
3. En t'appuyant sur des indices lexicaux, sur le rapprochement des mots latins et français, sur tes souvenirs du récit de Tite-Live, fais des hypothèses sur le sens de chaque phrase.

Vérifie tes intuitions

Voici le premier paragraphe du *De viris* et sa traduction.

Proca, rex Albanorum, duos filios, Numitorem et Amulium, habuit. Numitori, qui natu mojor erat, regnum reliquit; sed Amulius, pulso fratre, regnavit, et ut eum subole privaret, Rheam Sylviam ejus filiam Vestae sacerdotem fecit, quae tamen Romulum et Remum uno partu edidit. Quo cognito, Amulius ipsam in vincula conjecit, parvulos alveo impositos abjecit in Tiberim, qui tunc forte super ripas erat effusus; sed, relabente flumine, eos aqua in sicco reliquit. Vastae tum in iis locis solitudines erant. Lupa, ut fama traditum est, ad vagitum accurrit, infantes lingua lambit, ubera eorum ori admovit, matremque se gessit.

Proca, roi des Albains, eut deux fils Numitor et Amulius. À Numitor, qui était l'aîné, il laissa le royaume; mais Amulius, après avoir chassé son frère, régna, et pour le priver de descendance, nomma Rhéa Silvia, fille de celui-ci, prêtresse de Vesta; cependant, celle-ci mit au monde en un seul accouchement Romulus et Rémus. Après avoir appris cela, Amulius la jeta elle-même en prison, plaça les petits dans un berceau et les jeta au Tibre, qui alors, par hasard, s'était répandu sur ses rives. Mais quand le fleuve reflua, il les laissa sur la terre sèche. Il y avait alors de vastes déserts en ces lieux. Selon la tradition, une louve accourut en direction du vagissement, lécha les enfants, approcha ses mamelles de leurs lèvres et se comporta en mère.

1. Tu as repéré les noms des personnages dans le texte latin. Donne leur fonction grammaticale.

2. Classe les noms dans un tableau de trois colonnes : Sujet – COD – COS. Aide-toi de la traduction.

3. Peux-tu expliquer pourquoi la terminaison d'un même mot présente des variations en latin ? (Ex. : Numitor**em**/Numitor**i** ; Amuli**us**/Amuli**um**).

4. Quelle lettre retrouve-t-on toujours à la fin des mots latins dont la fonction est COD ?

Les cas latins

1. En latin, on appelle cas les désinences différentes que prennent les mots. Chaque cas correspond à une fonction.
On appelle : NOMINATIF, le sujet.
VOCATIF, l'apostrophe.
ACCUSATIF, le complément d'objet.
GÉNITIF, le complément du nom.
DATIF, le complément d'objet indirect ou le complément d'attribution.
ABLATIF, le complément circonstanciel.

2. L'ensemble des cas forme la **déclinaison**.
Le dictionnaire latin donne toujours le nominatif, le génitif singulier et le genre des noms.
(Ex. : Lavini**a**, Lavini**ae**, f. – Romul**us**, Romul**i**, m. – Numitor, Numitor**is**, m.)

3. On sait à quelle déclinaison appartient un nom en regardant son génitif singulier :
– si le génitif est **-ae**, le nom appartient à la première déclinaison.
– si le génitif est **-i**, le nom appartient à la deuxième déclinaison.
– si le génitif est **-is**, le nom appartient à la troisième déclinaison.

Exercice d'initiation

1. Essaie de retrouver dans le texte latin la traduction de ces phrases et souligne les accusatifs.

A Il laissa le royaume.

B Il nomma Rhéa Silvia, fille de celui-ci, prêtresse de Vesta.

C Amulius la jeta elle-même en prison.

2. Que notes-tu concernant la place du verbe ?
3. Quels mots n'apparaissent pas dans les phrases latines ?

Le sauvetage des enfants

De Viris illustribus, § 2

Lis le 2e paragraphe du *De Viris illustribus*.

Cum lupa saepius ad parvulos veluti ad catulos reverteretur, Faustulus, pastor regius, rem animadvertit, eos tulit in casam, et Accae Laurentiae conjugi dedit educandos. Qui adulti inter pastores primo ludicris certaminibus vires auxere, deinde venando saltus peragrare coeperunt, tum latrones a rapina pecorum arcere. Quare iis insidiati sunt latrones, a quibus Remus captus est; Romulus autem vi se defendit. Tunc Faustulus necessitate indicavit Romulo quis esset ejus avus, quae mater. Romulus statim, armatis pastoribus, Albam properavit.

Comme la louve retournait très souvent auprès des enfants, comme auprès de ses petits, Faustulus, un berger du roi, s'en rendit compte, les emporta dans sa cabane et les donna à élever à sa femme Acca Larentia. Et ceux-ci devenus grands, développèrent d'abord leurs forces physiques par des bagarres ludiques entre bergers, ensuite, ils commencèrent à parcourir les bois en chassant, puis à détourner les brigands du vol des troupeaux. C'est pourquoi les brigands leur tendirent un guet-apens et capturèrent Rémus; quant à à Romulus, il se défendit par la force. Alors Faustulus, poussé par la nécessité, indiqua à

Romulus qui était son grand-père et qui était sa mère. Romulus aussitôt, après avoir armé les bergers, se rendit en hâte à Albe.

Entraîne-toi

Repère dans le texte latin :

1 un nominatif singulier de la première déclinaison
2 quatre nominatifs singuliers de la deuxième déclinaison
3 deux accusatifs singuliers de la première déclinaison

Enquête : le vocabulaire de la parenté.

Relève dans les deux paragraphes du *De viris* le champ lexical de la famille.
À quelle déclinaison appartiennent les mots suivants :

1 filius, filii, m.
2 filia, filiae, f.
3 avus, avi, m.
4 mater, matris, f.
5 conjux, conjugis, f.

Trouve des mots français issus de ces termes latins.

Lorsque l'enfant paraît...

Le mot INFANS, INFANTIS, m. (enfant) est formé à partir du préfixe privatif IN + radical -FA, lié à l'idée de parler. L'*infans* est <celui qui ne parle pas>, le nourrisson. De nombreux mots latins sont rattachés à ce radical. En voici quelques-uns :

1 FABULA, AE : le récit (ce que l'on dit)
2 AFFABILIS : affable (celui à qui l'on peut parler)
3 FACUNDUS : éloquent (celui qui parle facilement)
4 FAMA, AE : renommée, tradition (-ce qui se raconte)

5 DIFFAMARE : diffamer, répandre une mauvaise réputation.
6 FATUM, i, : le destin (ce qui est dit).

Rapproche les mots latins précédents de dérivés français.

Les désinences

Voici les désinences (les terminaisons) de la première et de la deuxième déclinaison.

	1re déclinaison		2e déclinaison	
	singulier	*pluriel*	*singulier*	*pluriel*
Nominatif	-A	-AE	-US	-I
Vocatif	-A	-AE	-E	-I
Accusatif	-AM	-AS	-UM	-OS
Génitif	-AE	-ARUM	-I	-ORUM
Datif	-AE	-IS	-O	-IS
Ablatif	-A	-IS	-O	-IS

Décline à ton tour :

1 FILIUS, FILII, m. (vocatif fili)
2 AVUS, AVI, m.
3 FILIA, FILIAE, f.

Où sommes-nous ?

Relis ces phrases :

1 *Parvulos abjecit in **Tiberim**.* Il jeta les petits au Tibre.
2 *Ad **vagitum** accurrit.* Elle accourut en direction du vagissement.
3 *Cum lupa ad **parvulos** reverteretur.* Comme la louve retournait auprès des petits.
4 *Eos tulit in **casam**.* Il les emporta dans sa cabane.

1. À quel cas sont les mots en caractères gras ?

2. Dans ces phrases l'expression du lieu est indiquée par un groupe nominal formé d'une préposition (IN- ou AD-) et d'un nom. Quels groupes nominaux désignent :

- le lieu où l'on va
- le voisinage du lieu où l'on va, la direction ?

3. Devant un nom de ville on n'utilise pas de préposition pour indiquer le lieu où l'on va. Donne un exemple tiré du deuxième paragraphe du *De Viris*.

4. Pour indiquer le **lieu où l'on est**, le latin emploie la préposition **IN + ablatif**.

Peux-tu citer des exemples de cet emploi en relisant les deux textes de l'abbé Lhomond ?

Du texte imité au texte source

Ressemblances et différences

L'abbé Lhomond utilisa de nombreux ouvrages d'historiens latins pour composer son *De Viris*, et en particulier celui de Tite-Live. Lis cet extrait de l'*Histoire romaine* qui raconte comment Amulius s'est débarrassé des jumeaux après avoir jeté en prison Rhéa Silvia.

« Exposition et sauvetage des jumeaux »

Sed nec di nec homines aut ipsam aut stirpem a crudelitate regia vindicant : sacerdos vincta in custodiam datur, pueros in profluentem aquam mitti jubet. Forte quadam divinitus super ripas Tiberis effusus lenibus stagnis nec adiri usquam ad justi cursum poterat amnis et posse quamvis languida mergi aqua infantes spem ferentibus dabat. Ita velut defuncti regis imperio in proxima alluvie, ubi nunc ficus Ruminalis est – Romularem vocatam ferunt –, pueros exponunt. Vastae tum in his locis solitudines erant. Tenet fama, cum fluitantem alveum, quo expositi erant pueri, tenuis in sicco aqua destituisset, lupam sitientem ex montibus qui circa sunt ad puerilem vagitum cursum flexisse;

eam submissas infantibus adeo mitem praebuisse mammas ut lingua lambentem pueros magister regii pecoris invenerit – Faustulo fuisse nomen ferunt –; ab eo ad stabula Larentiae uxori educandos datos.

Mais ni les dieux ni les hommes ne délivrent Rhéa Silvia elle-même ou sa descendance de la cruauté du roi : il fait enchaîner et emprisonner la prêtresse, il ordonne que ses enfants soient jetés au fleuve. Par un hasard providentiel, le Tibre s'était répandu sur ses rives en nappes d'eau dormante ; le lit régulier du fleuve n'était nulle part accessible, mais l'eau, même si elle était stagnante, paraissait suffisante aux porteurs pour noyer des nourrissons. Ainsi, s'imaginant s'acquitter de l'ordre du roi, ils exposent les enfants dans le premier trou d'eau venu, à l'endroit où se trouve aujourd'hui le figuier Ruminal – on dit qu'il aurait porté le nom de Romulus. Il y avait alors de vastes déserts dans ces lieux-ci. Une tradition soutient que le berceau où avaient été exposés les enfants flotta, puis que l'eau se retirant le laissa sur la terre sèche ; qu'une louve poussée par la soif hors des montagnes voisines, détourna ses pas en direction du vagissement des enfants et, se baissant, leur présenta ses mamelles avec tant de douceur que le gardien du troupeau du roi – on dit qu'il s'appelait Faustulus – la découvrit en train de lécher les enfants ; qu'il les emporta jusqu'à son étable et les donna à élever à sa femme Larentia.

1. Quelles expressions apparaissent à la fois dans les textes latins de l'abbé Lhomond et de Tite-Live ?
2. Quels détails ne sont pas donnés dans le récit de l'abbé Lhomond ?
3. Quels sont la valeur et l'intérêt des précisions apportées par Tite-Live ?

À la recherche des indices verbaux

Voici quatre verbes tirés du texte de Tite-Live : **VINDICANT – JUBET – EXPONUNT – TENET**

1. Quelle est leur place à l'intérieur de la phrase latine ?
2. Peux-tu expliquer l'emploi du présent de l'indicatif dans un texte au passé ?
3. Le sujet de chacun de ces verbes est-il toujours exprimé dans le texte latin ?
4. Souligne la désinence latine qui indique la personne.
5. Traduis ces quatre formes verbales.

Le radical des verbes

Tu remarques que le radical de ces quatre verbes (vindicant – jubet – exponunt – tenet) ne se termine pas par la même lettre.
Il existe en effet plusieurs groupes de verbes en latin.

- Les verbes du premier groupe ont un radical qui se termine par **-A**.
- Les verbes du deuxième groupe ont un radical qui se termine par **-E**.
- Les verbes du troisième groupe ont un radical qui se termine par une consonne à laquelle s'ajoute une voyelle de liaison.

Serais-tu capable de classer les formes verbales citées plus haut, en fonction de leur groupe d'appartenance ?

Je suis, tu es, il est…

Lis les phrases suivantes :

1	*Ubi nunc ficus Ruminalis* ***est***.	Où est maintenant le figuier Ruminal.
2	*Montes qui circa* ***sunt***	Les montagnes qui sont à l'entour.

Quelle est la désinence de troisième personne du singulier et du pluriel du verbe être (esse) ?

Le verbe ÊTRE

Conjugaison du présent de l'indicatif

Sum	Je suis
Es	Tu es
Est	Il/elle est
Sumus	Nous sommes
Estis	Vous êtes
Sunt	Ils/elles sont

Traducteur en herbe !

Traduis les phrases suivantes.
(Attention : l'attribut du sujet se traduit par un nominatif.)

1 Romulus et Rémus sont les fils de Rhéa Silvia.
2 Rhéa Silvia est la fille de Numitor.
3 La fille de Numitor est la mère de Romulus et Rémus.

Un texte en désordre

En t'aidant de la traduction, rétablis l'ordre des phrases du texte latin de l'abbé Lhomond.

« Numitor retrouve son trône »

1 *Nam Remus oris lineamentis erat matri simillimus, aetasque tempori expositionis congruebat.*
2 *Interea Remum latrones ad Amulium regem perduxerunt, eum accusantes, quasi Numitoris greges infestare solitus esset.*
3 *Dum ea res animum Numitoris anxium teneret, repente Romulus supervenit, fratrem liberavit, et Amulio interfecto, avum Numitorem in regnum restituit.*

4 *Remus itaque a rege Numitori ad supplicium traditus es : at Numitor, considerato adulescentis vultu, haud procul erat quin nepotem agnosceret.*

Pendant ce temps, les brigands conduisirent Rémus auprès du roi Amulius, prétextant pour l'accuser qu'il avait l'habitude d'attaquer les troupeaux de Numitor. C'est pourquoi Rémus fut livré au supplice par le roi Numitor : mais Numitor, après avoir observé le visage du jeune homme, n'était pas loin de reconnaître son petit-fils. Rémus, en effet, par les traits de son visage, ressemblait tout à fait à sa mère et son âge correspondait avec l'époque où avait eu lieu l'exposition. Tandis que cette question tourmentait l'esprit de Numitor, soudain Romulus survint, libéra son frère et, après avoir tué Amulius, restitua le royaume à son grand-père Numitor.

DERNIÈRES PARUTIONS

AVERROÈS
Discours décisif (bilingue) (871)
L'Intelligence et la pensée (974)

BALZAC
La Peau de chagrin (899)
Le Père Goriot (826)

BARBEY D'AUREVILLY
Une vieille maîtresse (955)

BAUDELAIRE
Au-delà du romantisme. Écrits sur l'art (1010)

BERKELEY
Trois Dialogues entre Hylas et Philonous (990)

BOÈCE
Traités théologiques (876)

LE BOUDDHA
Dhammapada (849)

BÜCHNER
La Mort de Danton. Léonce et Léna. Woyzeck. Lenz (888)

CALDERÓN
La vie est un songe (bilingue) (973)

CHRÉTIEN DE TROYES
Perceval ou le Conte du graal (bilingue) (814)

COMTE
Discours sur l'ensemble du positivisme (991)

CONFUCIUS
Entretiens avec ses disciples (799)

CORNEILLE
Trois Discours sur le poème dramatique (1025)

DESCARTES
Les Passions de l'âme (865)
Lettre-préface des *Principes de la philosophie* (975)

DOSTOÏEVSKI
Le Joueur (866)

DUMAS
Le Comte de Monte-Cristo (1004-1009)

ÉPICTÈTE
Manuel (797)

ÉSOPE
Fables (bilingue) (721)

FABLIAUX DU MOYEN ÂGE (bilingue) (972)

FÉVAL
Le Bossu (997)

FONTANE
Cécile (1012)

GALIEN
Traités philosophiques et logiques (876)

GOETHE
Écrits sur l'art (893)

HEGEL
Préface de la *Phénoménologie de l'esprit* (bilingue) (953)
Principes de la philosophie du droit (664)

HÉLOÏSE ET ABÉLARD (827)

HISTOIRE DE LA LITTÉRATURE FRANÇAISE :
Le Moyen Âge (957)
De Villon à Ronsard (958)
De Montaigne à Corneille (959)
Le Classicisme (960)
De Fénelon à Voltaire (961)
De *L'Encyclopédie* aux *Méditations* (962)

HISTOIRES D'AMOUR ET DE MORT DE LA CHINE ANCIENNE (985)

HISTOIRES EXTRAORDINAIRES ET RÉCITS FANTASTIQUES DE LA CHINE ANCIENNE (1014)

JOYCE
Les Gens de Dublin (709)

KÂMA SÛTRA (1000)

KANT
Métaphysique des mœurs I (715)
Métaphysique des mœurs II (716)

LACLOS
Les Liaisons dangereuses (758)

LAFORGUE
Les Complaintes (897)

LEIBNIZ
Principes de la nature et de la grâce. Monadologie et autres textes (863)

LESSING
Nathan le Sage (bilingue) (994)

LE TASSE
La Jérusalem délivrée (986)

LORRIS
Le Roman de la Rose (bilingue 1003)

LUCRÈCE
De la nature (bilingue) (993)

MALEBRANCHE
Traité de morale (837)

MALLARMÉ
Écrits sur l'art (1029)

MARLOWE
Le Docteur Faust (bilingue) (875)

MARX & ENGELS
Manifeste du parti communiste (1002)

MONTESQUIEU
Lettres persanes (844)

MUSSET
Premières poésies (998)

NIETZSCHE
Ainsi parlait Zarathoustra (881)
Le Gai Savoir (718)

PASTEUR
Écrits scientifiques et médicaux (825)

PLATON
Alcibiade (987)
Apologie de Socrate. Criton (848)
Banquet (988)
Cratyle (954)
Lachès. Euthyphron (652)
Protagoras (761)

PLUTARQUE
Vies parallèles I (820)
Vies parallèles II (841)

PONGE
Comment une figue de paroles et pourquoi (901)

RODENBACH
Bruges-la-Morte (1011)

ROUSSEAU
Profession de foi du vicaire savoyard (883)

SAY
Cours d'économie politique (879)

SHAKESPEARE
Antoine et Cléopâtre (bilingue) (895)
Le Songe d'une nuit d'été (bilingue) (891)

STENDHAL
Le Rose et le Vert (901)

STRINDBERG
Mademoiselle Julie. Le Pélican (970)

SWIFT
Les Voyages de Gulliver (969)

TITE LIVE
Histoire romaine. La Libération de la Grèce (989)
Histoire romaine. Les Progrès de l'hégémonie romaine (1005)

THOMAS D'AQUIN
Contre Averroès (713)

TURGOT
Formation et distribution des richesses (983)

ZOLA
Naïs Micoulin (984)

GF-CORPUS

L'Amour (3010)
Le Citoyen (3044)
La Démocratie (3007)
Le Droit (3046)
L'État (3003)
L'Histoire (3021)
L'Identité (3030)
Le Libéralisme (3016)
La Liberté (3023)
Les Mathématiques (3019)
La Matière (3020)
La Métaphysique (3037)
La Nature (3009)
Le Nihilisme (3011)
La Paix (3026)
La Tolérance (3004)
L'Utopie (3029)
La Vie (3045)

GF-DOSSIER

CHATEAUBRIAND
Mémoires d'Outre-Tombe, livres I à V (906)

CORNEILLE
L'Illusion comique (951)

DIDEROT
Jacques le Fataliste (904)

FONTENELLE
Entretiens sur la pluralité des mondes (1024)

GOGOL
Nouvelles de Pétersbourg (1018)

HUGO
Les Châtiments (1017)
Hernani (968)
Ruy Blas (908)

LESAGE
Turcaret (982)

MARIVAUX
La Double Inconstance (952)
Les Fausses Confidences (978)

MOLIÈRE
Dom Juan (903)
Le Misanthrope (981)
Tartuffe (995)

MONTAIGNE
Sans commencement et sans fin. Extraits des *Essais* (980)

MUSSET
Les Caprices de Marianne (971)
On ne badine pas avec l'amour (907)

PLAUTE
Amphitryon (bilingue) (1015)

RACINE
Bérénice (902)
Iphigénie (1022)
Les Plaideurs (999)

ROUSSEAU
Les Rêveries du promeneur solitaire (905)

SÉNÈQUE
Médée (992)

GF Flammarion

99/04/70994-IV-1999 – Impr. MAURY Eurolivres, 45300 Manchecourt.
N° d'édition FG209301. – Avril 1999. – Printed in France.

Enée (troyen) fils d'Anchise et d'Aphrodite (Vénus) doit partir de Troie après la victoire des Grecs -
Il épouse Lavinia (fille du roi des territoires de Laurente)
un fils Ascagne.

Rhéa Silvia - Vestale violée (nièce du roi Latinis) mis au monde Rémus et Romulus. Sauvés de la noyade par une louve ensuite élevé par un berger Faustulus, sa femme Larentia -